Geschichte und Verantwortung

歴史と責任

科学者は歴史にどう責任をとるか

テオドール・リット／著
小笠原道雄・野平慎二／編訳

東信堂

編訳者まえがき

時間の流れのなかで日々さまざまな出来事が起き、過ぎ去り、歴史となる。出来事のなかには、自らに直接関わるものもあれば、関わらないものもある。また、自分では関わりを意識していなくても、別の誰かから見れば、あるいは後から自分で振り返って見れば、関わりが明らかになるものもある。あらためて述べるまでもなく、歴史とは、現在と関係のない単に過ぎ去った出来事、丸暗記を強いられる退屈な知識の集積ではない。私たちは、世界のなかで刻々と推移していく多様な事象を何らかの仕方で分節化することで、ひとまとまりの出来事として認識し意味づける。あるいは私たちは、意味ありと思われる事象を拾い上げてひとまとまりの出来事として構成する。私たちが、目の前に広がる世界をどのように見ているのかは、このような認識の構成的な作用に支えられている。

もちろん、私が拾い上げ、私なりの仕方で意味づけている事象が世界のすべてではない。そこには今の私自身の認識関心による意図的、無意図的な取捨選択が働いており、私に見えていない事柄、私が知らない事象も無数に存在している。別の誰かから見れば――あるいは後から自分で振り返って見れば――別の仕方で事象が拾い上げられ、意味づけられ、まったく様相の異なる出来事とその連関が構成されることもありうる。現在に対する認識のみならず、過去の歴史に対する認識も人によって違いがあるが、そのような認識の多様性が生じる理由もここにある。いずれにせよ、私たちが直接見聞きできる、今まさに推移している現在の出来事も、それに先だって展開していた、過ぎ去った過去の出来事も、私たちの行う取捨選択、構成、認識、意味づけといった作用と切り離しては存在しない。私たちは否応なく時間の流れのなかに生を受け、そのなかで生起する出来事に何らかの仕方で応答(respond, antworten)し、責任(responsibility, Verantwortung)を負うことを宿命づけられた存在である。

本書に訳出したのは、ドイツの哲学者、教育学者テオドール・リット(Theodor Litt, 1880-1962)の、歴史と責任および歴史教育にかんする三編の論文(講演原稿を含む)である。リットの生きた時代には、ドイツが関わった二度もの世界大戦が起きている。第一次世界大戦が始まった一九一四年の夏、多くの人々は短期間で戦闘が終わるものと考え、若者たちはクリスマスまでにはまた自宅に戻れると信じて意気揚々と戦地に赴いていったと言われる。しかしその後、戦闘は誰も予想しなかった仕方で次第に国家間の総力戦へと発展して四年にわたって続き、前代未聞の新兵器も次々と開発、投入され、ドイツに限っても民間人を含め推計二八〇〇万人もの犠牲者を出す結果となった。このような時代の状況にリットは強い衝撃を受けたと言われている。本書に訳出した第一論文「現代を歴史的に理解する」が書かれたのは、この大戦が三年目を迎えてなお継続されていた一九一七年である。

その後ドイツは共和政に移行し、当時としては世界でもっとも民主的と言われたワイマール憲法さえ制定されるも、戦後の賠償問題に対する人々の不満を背景にナチスが台頭し、ドイツは再び六年におよぶ世界大戦の火ぶたを切って落とすことになる。そして、先の大戦をはるかに上回る膨大な犠牲者を出して敗れたドイツ国民が、さらには全世界が戦後目にすることになったのは、ナチスによるユダヤ人の絶滅行為という想像を絶する現実だった（もちろん、戦時中からその事実を知っていた者も多いと言われるが）。哲学者と詩人の国であることを誇っていたドイツにおいて、なぜこのような逆説的な事態が起きたのか。当初からナチスを一貫して批判し、ナチスから公私にわたるさまざまな妨害を受け続けてきたリットの胸に去来したものは何だったのだろうか。本書の第二論文「歴史と責任」は、そのような時期の、終戦から間もない一九四七年の講演がもとになっている。

その講演から二年後の一九四九年にドイツは東西に分断され、体制の異なる二つの国家が成立する。西ドイツは資本主義経済のもとで復興を遂げるが、科学技術の発展は一九五〇年代になると核兵器の配備という形で人々の生存を脅かす結果となり、ここでもまた、人類は自らが生み出した営みによって自らの破滅の可能性を招くという逆説的な事態が出来した。本書に第三論文として収めた「歴史の意味と特殊な者としての自己」が著された背景には、このような時代状況が存在している。

過ぎ去った出来事を第三者が後からあれこれと批評するのはたやすい。しかし、さまざまな出来事が複雑に絡み合いながら展開する最中に生きる者にとって、その展開がどのような意味をもつのか、そこに自らの行為がどのように関わっているのかを考えることは、容易なことではない。しかしながら、先にも述べたとおり、時間の流れのなかに生を受け、他者と居合わせ、周囲の出来事を自らの認識関心に応じて構成し意味づけるというまさにその点において、私たちはつねにすでに、現在そして歴史に対する自由と責任をもつ。このことは、大がかりな政治的決定を行う権限をもつ者のみならず、自らの行為の社会的な意味を必ずしもつねに実感できるとは言えない市井の人々にも当てはまる。さらに、過去の出来事をどのようなイメージ(像)において捉えるのかは、今後の未来における自らの実践をも方向づける。その意味でも、過去の歴史をどう捉えるのかは、現在や未来の生き方に関わっている。

本書に収められた三編の論文では、私たちが過去を認識する——あるいは、像として構成する——とはどのような作用なのか、歴史と呼ばれる全体の動きと自分自身の作為ないし無作為とはどのように関連するのか、出来事の流れのなかでそれを批判的に捉えることはいかに可能なのか、相互に異なる認識をすりあわせ民主的な社会を作り上げるには何が必要なのか、またそのためにはどのような教育が求められるのか、といった主題が論じられる。リットによれば、出来事の流れの全体（歴史）と個々人の意識や行動は相互に関係し規定しあう。もちろん、誰にとってもその流れをすべて把握し制御することは不可能である。しかし、だからと言って、出来事の流れを自らの自由意志とは無関係に進んでいく必然的な動きと見なしたり、事象の取捨選択を通して構成されたものであることを認識しないまま自らの抱く歴史の像に固執したりする場合には、誤った（すなわち民主主義に反する）判断や行為が導かれることになる。したがって、歴史とその把握《ベグライフェン》（ないしは概念《ベグリフ》）との関係、歴史の全体と個々人との関係、歴史の必然性と個々人の自由意志との関係——それらはいずれもアンビバレントな性格をもつとされる——を正しく理解するための教育が要請される。

発表された時期や背景こそ互いに異なっているが、三編の論文のなかで展開されているリットの主張は、変節や転向とは無縁の、つねに一貫したものである。まだナチスを知らなかった時代に書かれた第一論文における歴史観が、戦後に発表された二つの論文におけるそれと変わらない批判力を備えている点には、驚かされる。リットの歴史哲学の特徴は、一方で生の歴史性を説くディルタイの哲学や、意識の社会的な規定性を説くジンメルの哲学・社会学からの理論的な影響を受けつつ、他方では同時代の全体主義への抵抗を跳躍台として、個人の自由を擁護し民主主義を希求する政治的な実践への端緒をつねにもち続けている点にある。そこには、一時期ギムナジウムにおいて若者たちを前に自ら教鞭をとった経験も何ほどか作用しているかもしれない。現代の闘技的なデモクラシー論（agonistic democracy）にも通じるリットの主張は、第二次世界大戦後七〇年という節目を過ぎ、歴史に対する責任をめぐる議論の深まりがさらに求められている今日の日本においても、十分に咀嚼吟味されるべきものと言えるだろう。

なお本書のタイトル『歴史と責任』は、七〇年前の一九四七年講演の題目である。

二〇一六年五月二七日
アメリカ合衆国第四四代大統領バラク・オバマ氏の広島訪問の日に

編訳者　野平　慎二

歴史と責任――科学者は歴史にどう責任をとるか　目次

凡　例

1. 本書に訳出した三編の論文の底本は、それぞれ次のとおりである。

・「現代を歴史的に理解する」＝Theodor Litt: Das historische Verstehen der Gegenwart. In: ders.: Geschichte und Leben. Probleme und Ziele kulturwissenschaftlicher Bildung. 3. verbesserte Auflage. Leipzig und Berlin (B. G. Teubner) 1930, S.1-37.

・「歴史と責任」＝Theodor Litt: Geschichte und Verantwortung. Ein Vortrag, gehalten bei der Eröffnung der Leipziger Ortsgruppe des Kulturbundes zur demokratischen Erneuerung Deutschlands. Wiesbaden (Dieterich'sche Verlagsbuchhandlung) 1947.

・「歴史の意味と特殊な者としての自己」＝Theodor Litt: Die Selbstbesonderung des Sinns der Geschichte. In: Leonhard Reinisch (hrsg.): Der Sinn der Geschichte. Sieben Essays. 2. Aufl., München (C. H. Beck) 1961, S.66-82.

2. 原文中のイタリック文字はゴシック体で表記した。また“　”は鉤括弧（「　」）に変えた。

3. 原文中のダッシュ（「――」）は、筆者の文体やリズムを尊重し、そのまま表記した。ただし、訳出する上で原文にないダッシュを用いたところもある。また、改行はすべて原文に従った。

4. 訳者が補った語句は〔　〕に入れた。（　）内の語句は原文で挿入されているものである。

5．論文「現代を歴史的に理解する」では、ひとまわり小さな文字で印刷されている箇所が三箇所ある（原著のいずれの版でも同じ）。本書でもそれに忠実に従い、小さな文字で表記した（本書四一～四六頁、五一～五五頁、および五六～五七頁）。

歴史と責任——科学者は歴史にどう責任をとるか

I　現代を歴史的に理解する（訳注1）

歴史の像の形成

鋭い洞察力で現代の文化を解剖する者は、生（訳注2）が進歩するにつれて人間とその目標とを結びつける構成要素が増え続けるという事態に、文化の抱える不安の理由があると考えてきた。というのも、人間の精神が把握できる事柄の範囲には限界があり、したがってどのような発展も結果的には、その本来の意味からすれば単なる手段でしかありえないはずのものをしばしば自己目的として描いてしまう一方で、真の最終目標は地平の下に消えてしまうからである。その存在の多様な要素を支える基礎は何なのか、それらに意味を付与する頂点は何なのか、それらのうちで単なる手段ないしは必要度の低い付属物にすぎないものは何なのかを文化人類が考えるためには、文化人類が今日体験しているような仕方で、生の基礎がすべて暴力的に揺さぶられることがまさに必要なのである。もちろん、そのように時代が危機にあるからといって、人間の精神の把握力がすぐに、あたかも自動的に高まるわけではないため、逆の影響も現れやすい。例えば、ある時には眼差しが手段に向けられて目標を見失い、またある時には目標を追求するあまり手段を飛び越えてしまい、願望と目標とを結びつける構成要素の連鎖を無理やり短くしてしまうのである。このような現象は、現代の体験の影響のもとで私たちの民族のほとんどすべての人の心を捉える活発な意見交換の対象となっている問題領域、すなわち教育問題の領域においても生じている。もちろん、私たちの民族の教育力は強い自己反省を迫られており、どの教科も、いかなる有意味な連関がその教科の活動を国民の精神的な生の最終目標に結びつけるのかという問いから逃れることができないが、こうしたことはまた、すべてが検証に付されるべきこの時代にあって、救いの効果をもつものと見なされなければならない。しかしもちろん、その連関はすぐに明瞭に見て取れるわけでなく、そのため場合によっては極端なプログラムや、唖然とするほど単純な要求や、表向きは否定できない説得力〔を備えた改革案〕などが計画に載せられている。これらの特徴は、ただ〔目標の達成に〕不可欠な構成要素を飛び越える無謀さから来ているのである。

現代がもたらす体験の内容をみれば、強力に推進されているこの教育改革がひとつの問題、すなわち**歴史教育**の問題にとりわけ努力を注いでいることも容易に理解される(訳注3)。過去の知識をもとに現代の生を理解しようとする欲求こそ、人間の精神が歴史認識に向かうもっとも力強い動因なのだと歴史哲学が私たちに教えてきたとすれば、私たちの世代ほどこの真理が切実に意識されるべき世代はほかにない。出来事の嵐のなかに身を置き、その力に心を揺さぶられ精神を麻痺させられながら、この混乱を照らし出し秩序づけることのできるような考えを、私たちはとりわけ人間共同体のすべての運命の解釈者、すなわち歴史のなかに探し求める。そのような明確さをまさに歴史に期待できると、私たち人類はいとも簡単に思い込んできた。それどころか、少なくともあらゆる生の現象を、その所与の姿において受け止めるのみならず歴史的発展の結果として理解する能力によって、過去の精神的時期を乗り越えていけるのではないかと考えてきた。歴史的な生に備わる基礎力一般を理解することが重要だったのか、あるいは世界の具体的な姿を理解することが重要だったのかはさておき、この期待はかなえられているだろうか？　そのような理解を躊躇なく自らのために、また同じ確信で結ばれた集団のために要求するような考えの持ち主ならば、この問いに肯定的に答えることができるかもしれない。

ほかならぬ歴史の理解を踏まえることでのみ解かれうる問いをめぐって私たち一般の人々の意見は分裂しているが、この分裂を見るならば、争い合う集団のうちの**ひとつ**だけにこの〔歴史の〕理解を認めるわけにはいかない。というのも、私たちの精神的な本質はまさにこの〔歴史の理解を重視する〕方向に向かって強化され深化されなければならないという気分が広まっているからである。あらゆる窮状を一挙に救うという約束の福音とともに、今日の改革運動はこの気分を歓迎している。すなわち、現代に対する歴史的な理解は不十分であるため、学校はまさに近現代の歴史的内容を歴史教育の中心的な対象にしなければならない、というわけである。

その不十分さをいったん認めた者は、避けがたい論理によって、上の要求に同意するよう強いられる――一見するとそう見える。しかもこの思考の歩みは、ともかくこの教育問題の困難な性格を前にして回避されるのではなく克服されることが望まれるような一連の課題をただすべて脇に押しやることで、いとも簡単にこの結論に至るのである。しかしながら、探究がその最終目標に到達するために克服されなければならない事前の問題、あるいは中間の問題のひとつに、ここまでの論究がほとんど触れないままにしていたある根本問題がある。すなわち、私たちが「現代を過去から理解する」と呼んでいる**認識という事象の本質**への問いがそれである。この問いが立てられる時、議論は、人間の思考の動きのなかに実によく見られるひとつの現象を繰り返す。すなわち、個々の研究領域において、基礎概念が、その内容をより詳しく検討されることなしに所与のものとして受容され、ついには思考がまさにこの前提に向かい、実際には最初のものであったこの前提を最後のものとして問題にするのである。**認識**の過程のすべてが論究の対象となる場合には、本来出発点にあるべき問題をこのように転倒させてしまうような事情がさらに加わる。認識という行為は、事柄の本質に従えば、その対象に専心し「埋没する」のを常とするがゆえに、客体の単なる受容と模写に等しいように見える。それゆえ浅薄に考察する者は、認識の向かう**対象**の理想的な本性がいったん正しく把握されたならば、それに付随する認識の過程の本質についてもすでに明らかになったと考えてしまい、対象の構造は認識する主体の思考との相互関係のなかでしか解明されない、という点が忘れられるのである。「認識」と呼ばれる唯一の、純粋にそれ自身によって規定されそれ自身と同一であり続ける、いわば中立的な機能が、多様な客体の選択に従ってその方向を決めるのではない。この機能はそれ自体、分類された対象領域と同様に細分化されているのである。それゆえ、認識という事象を正しく理解したいと望む者は、客体の構造の分析を通して問題を解決できるとする誘惑と対決し、認識という行為ないしはその連関の構成に自らの注意を向けなければならない。**教育的な関心**に導かれて特定の認識課題や認識作用を解明しようとする探究も、とりわけこの要求に従わなければならない。問われている思考の構造を明瞭に洞察する者だけが〔原注1〕、あいまいな常套句や根拠のない推測の段階を越えて、教育的な思考を形成することができるのである。

明らかに、この問題に関連する論究では、事柄のこの側面はまったく考慮されていない。「現代を過去から理解する」と私たちが名づける認識作用は本来複雑に絡まり合った性質の思考から成り立っているのだという認識は、そこには見られない。それらの論究はたいてい、現代の現象を理解するのはその歴史的な発展を、すなわちその前史を**知っている**者であるという、明確に表明されることのほとんどないイメージにもとづいている。プロイセン国の歴史を知っている者、イギリスの世界支配の歴史を知っている者、ロシア国民の歴史を知っている者、そうした者はそれによって**ほかならぬ**現代の出来事の部分や断片――〔歴史のなかで形作られる〕形成物の生がそこで展開していく――をも理解できる、と言われる。歴史の授業が必要に応じて教材を詳細に説明し、実際に現代の入口にまで迫るならば、学習者の精神的能力がどのような教育にも設定する限界の範囲内で、あの〔現代を過去から理解するという〕目標は達成される、と言われる。言い換えれば、あたかも新しい環をつなぐことで鎖が延ばされるように、現在の過程の認識が過去の発展段階についての知識に――しかも、すでに知られており所有されている事柄が、それ自体何の変更も被ることなしに、新しい事柄を支持し解明するのに役立つような仕方で――接続するわけである。このような理解が指示するところに従うならば、私たちは、進歩のなかで物事の流れとともに「現代を過去から理解する」べく努力し続けてきた人間の発展を考えようとする時には、すでに得られている内容に新しい内容がつねに繰り返し積み重ねられるのだと想定しなければならないだろう。

もっとも、今ここで自己を表明しながら居合わせている**個々人**を「理解する」時に働いている認識作用に目を向けるならば、上述のように特徴づけられたイメージは、ここで問題となっている思考過程の像を機械的に粗雑に描き出すにすぎないもの、いやまったく描き損なうものであることがわかる。個々人を理解する場合においても、今ここで生じている出来事の理解、すなわち当該の人物の作為と無作為、語りと行いの理解は、過去に獲得され同じ生の中心に組み込まれている認識の在庫と何らかの仕方で同時に作用しているのである。私は、当該の人物の「像」を、すなわちその人物の本質に対する複雑に絡み合った見方をもつ。そしてこの像は、その人物が存在の新たな表れとともに私の前に現れる時、同時に作用する。さてしかし、これは蓄積された知識の在庫に単に新しい知識が加わるようなことなのだろうか？　その新たな表れが、すでに思い描かれている像を何らかのモチーフにおいて豊かにするだけならば、あるいはその像の輪郭のひとつを確証するだけならば、ひょっとするとそう言えるのかもしれない。

――しかし、新しい体験がそれまで抱かれていた像に合致しない場合、あるいは何らかの点で対立するような場合には、まったくそうは言えない。たとえ私がある人物をその心性の根本まで知っていると思ったとしても、次の日にはその人物が私に「理解できない」行動や発言を行うこともありうる。新しい印象が教えてくれるものを単に追加するだけでは、おそらく理解は生じていない。なぜならそのような追加は矛盾をそのままにし、すでにもっている像を新しい性格によって豊かにする代わりに、互いに折り合わない二重の見方を持続させるからである。そうなると、どちらが**真の**「本質」なのだろうか――過去の記憶のなかに保たれているものか、それともこの現在の行動が示しているものか？　この問いに満足のいく答えを与えようとするなら、新しい体験を［これまで抱いていた］「像」に対置するだけでは十分ではない。その種の像はいずれも、それだけで私が当該の人物に関して知っている事柄の**すべて**ではない。その像は、複数の側面から解釈できるひとつの経験がずっと私に教えてきた事柄についての、ひとつの概括であり、簡単に見渡せるひとつの要約なのである。その像は、私の理解力が限られているためにすべてを繰り返し参照することができない数多くの体験の代替物として役に立つ。また、私が何の懸念もなくあの「像」に立ち返ることができるのは、何らかの矛盾が生じない限りにおいて、すなわちある新しい経験が像を何らかの点で疑わしくしない限りにおいてである。

というのも、対立を調停しようとするならば、要約を眺めるだけでは済まないからである。重要なのは、その結果が像のなかに集約されている生ける経験の全体に立ち返ることであり、それを代表する役割が像に与えられている個々の出来事のすべてを呼び起こすことである。なぜなら、解釈によるそれらの経験や出来事のまとめ、ないしは像がそれらをまとめる仕方は、まさに新しい出来事によって疑わしくなっているからである。今や、そのまとめは新しい証拠とよりよく折り合う解釈を許すのかどうか、再度検証することが重要となる。今や、そのまとめのなかに、おそらく以前にはほとんど気づかれなかった特徴——今初めて現れ出た本質の一面がそこにすでにみられるような特徴——を探すことが重要となる。像に代わって、そこから像が導き出された、幅広い大量の素材が現れる。その素材は新しい経験と一緒にまとめられる。——そして、主体の行う比較や秩序づけや組み入れといった働きは、古いものと新しいもののなかから、ひとつの新しい、しかしそれ自体で調和する像——その像のなかでは、古いものがかつて占めていた場所やかつて持っていた意義を主張することはおそらくないが、それでもやはりその像は同じく豊かな経験を自らのなかにまとめている——が作り出されるまで続けられる。すなわち理解する精神は、生の表れの多様性を、その多様性を生み出すもとである生の統一性へとまとめるよう、繰り返し促されるのである。そしてまた、新しい像が本質的な変換を被ることなく自らを保持できるのも、新しい出来事が疑いや矛盾を再び呼び起こさない限りにおいて、そして解体と秩序づけと改造の作業が新たに始まらない限りにおいてなのである。

さて、ここで分析した過程は、「過去から理解された現代」という言い回し——過去はつねに光を投げかける側であり、現代はつねに解明を受ける側である、という確信がその基礎にある——によって問題なく特徴づけられるのだろうか？　そうではない。むしろ、現代が過去から理解されるのと同じ程度に、過去は現代から理解されるのである。解明と修正の作業は、単にそのつど経験され解釈されたひとまとまりの事柄を越えて広がるのである。過去と現代を——表面的に繋ぎ合わされた一連の出来事であるかのように——〔まず〕相互に引き裂き、その上で二次的に思考の上で関連づける語り方は、そもそも直線的に連続しない連関を機械的に偽造する語り方に比べると、より鋭く検証されたものと思われている。〔けれども、〕理解されるべきもの、それは切り離された過去から解釈されるべき孤立した**現代の**出来事でも、切り離された現在から解釈されるべき孤立した過去の出来事でもなく、いわば過去と現在の出来事を貫いて動き、またあらゆる変化のなかで同一性を保つ、**統一的な本質**である。その本質は、すべての単なる表面的な連続を超えて、すべての個々の出来事のなかにひとつの全体として、分割されないものとして、存在している。真の「理解」はすべて、たとえそれが実にしばしば、専心して**唯一の**表れを解釈しつつ見抜くことであるように見えるとしても、時間と内容に従って確定される個々の事柄の把握に向かうというよりはむしろ、**ほかならぬ**内的な生の基礎――そこでは、時間的に固定されたものや内容的に限定されたものはすべて、そのつどの瞬間を超越する過程の全体へとまとめられる――へと向かう。個々の表れは、切り離されそれ自体で存在しているものとして理解されるのではなく、それらがいわばそこに組み込まれている、生の統一からのみ、理解されるのである。

おそらく次のように反論されるだろう。このような〔過去と現代の〕相互の照らし合いが生じるのは、新しい経験によって古い意見の**修正**が必要となる場合に限られ、この説明の全体は、像が単に補完され確証されるような事例には当てはまらないのではないか、なぜならこのような事例では古いものは変化しないと主張されているのだから、と。けれどもこのような考えは次のことを忘れている。生――とりわけ**精神的な**生――のなかで何かが不変のままにとどまることはほとんどなく、また生の発展に何事かが外から追加され付加されることもほとんどなく――さらには、順に並べられた個々の認識を拾い集めるだけに終わるような理解が、その対象を十分に捉えることもほとんどないことを。生成の過程を、その進展に歩調を合わせながら理解しようとするならば、その過程の像は一連の流れ――この流れこそ、理解の対象である現実の特徴をなすものである——において捉えられなければならない。そこでは、意識的にせよ無意識的にせよ、その「像」が何らかの仕方で変化や深化や修正を被ることなしには、出来事は決して把握されない。新しい印象は、収集された経験の在庫につねに何らかの仕方で立ち返り、その在庫を何らかの仕方で転換する。真の理解が個々の事柄から全体の中核へと突き進むまさにその時、それ以外のことがどうしてありうるだろうか。たとえ私たちが、まったく意識的に、根本的に像を更新したと考えるとしても、それは〔いわば〕ひとつの物差しのもっとも外側にある、それゆえ典型的でもっとも説得力のある構成要素〔を見ている〕にすぎない。同じ物差しの反対側の終端には、〔正しいと〕「確証」され〔新しい像の形成へとつなが〕るべき事例が数多くあるのである。

私たちは、「現代を過去から」理解すべきだと説くあの教えをめぐってここで展開してきた考察を、それに対応する、歴史の巨大な全体の流れに対する思考へと転用することが許されるだろうか？　一見するとこれはまったく疑わしく見える。というのも、ここで考察の対象をなしている〔歴史の〕全体、例えば民族、文化圏、時代、組織、芸術や科学や宗教の生成連関などは、存在の表れの力強さと豊かさという点で、個々の主体の存在が示すすべてのものをはるかに凌駕しているからである。のみならず、それら全体のなかには、個々の人物の統一の本質をなす構造よりもはるかに複雑で見通しがたい構造が含まれているからである。しかしまさに、全体は、ほかならぬ私たちの問題にとって決定的な点において、個々の人物と比較できるのである。というのは、ここ〔全体の場合〕でも、内容的に規定された多様な活動を貫いて、また行動や活動や運命の流れ――それらの時間的、内容的な相互関係が過程の統一を解体するのではなく確証するような――を貫いて、生が進んでいくからである。それゆえここでも、現代において現れてくる姿を、例えば単にそれ自体で、それ自体から理解するのではなく、その姿が生じる母胎となる、生ける過去とともに捉えること、不断に自己を更新していくことが、思考にとって努力すべき課題となる。そしてここでも、すでに知られており解明されている過去の光が、今ようやく形作られようとしている現代に投げかけられるのみならず、現代の印象が過去の像を、予想もされなかった新しい色で輝かせるのである。――あるいはむしろ、過去と現代の出会いのなかで形作られる**ひとつの**像を手がかりに、私たちは、**ひとつの**本質を新しい目で見ることができるのである。

もっとも、このような像が生じうるためには、上で分析した〔ひとりの人物の〕事例が私たちに示したものと同じ構造の思考過程が必要である。ここ〔全体の場合〕でも、問われている生の全体の「像」を呼び起こし――言い換えれば経験の在庫からすぐに役立つものを抽出し

――、その像と新しい印象との一致を問うだけでは十分ではない。――ここでも、要約〔として の像〕にとどまるのではなく、幅広く多様な生ける出来事――要約のなかにまとめられているのはその出来事の本質的な内容である――へと立ち返らなければならない。そうすることでのみ、現代を新しい姿へと促すものと過去が生み出したものとが、真に有機的に結びつくことができるからである。そのように像が再び解体されることがなければ、真に融和されるはずのない出来事の間で表面的な妥協が取り結ばれるか、統一されえない個々の印象のばらばらの並列で思考が満足するかのどちらかである。すなわち真の理解は、ここでも、あらゆる像の形成に先立つ最深の基礎へと降りていかなければならないのである。

とはいえ、どちらの場合も課題が原理的に同じだとしても、解決の条件は決して同じではない。問われるべき統一された生の大きさの違いや、その生の運命が記憶され、考えられ、形作られる形式の違いのために、認識する主体はまったく異なる種類の要求と向き合うことになる。その生の流れが何百年、いや何千年にも及ぶような巨大な全体は、「像」ではなく**直接に**記憶された数多くの生の表れを内的な目の前に呼び起こす、という仕方で観察者に姿を現すのではない。そもそも現代の観察者にとって、一定の時間を隔てた過去に控えているものは、他者が描き出し伝承された「像」や、あるいは例えば保持されてきた自己証言を通してしか、近づくことができない。過去に控える時代は歴史的に伝承された記録、すなわち媒介され、しばしば偶然と恣意による取捨選択によって規定された形式においてのみ、現代の私たちに語りかける。あの「像」は、到達できる源のうちもっとも遠くにある最初の源から流れ出しており、その源はそれ以上遡ることのできない境界を示す。しかし、たとえそのような仕方で示される境界が承認されるとしても――主体が現代に内在する像をその最終的な基礎にまで引き戻すのに、すべて〔の生の表れ〕が必要というわけではないのだ！　というのも、〔歴史が形作る〕生の形成物の規模が拡大するにつれて、私たちになお手の届く、その全体の存在を証明するものもまた、限りなく多彩かつ多様な姿をとって、いかなる人間の精神ももはや見渡すことができない形で、精神の宇宙のあらゆる領域に広がるからである。私たちの文化のあの大きな全体の一部分を理解したからといって、私たちの文化のなかにある生の全体の情報や自己証言をすべてまとめつつ把握し見渡すことができるなどと、あるいはその生の全体の新しい動きへの応答として、自らが抱く「像」をすぐに包括的かつ徹底的に改造できるなどと思い上がることは、誰にも許されないのだ！

すなわち、純粋に量的な観点から見るとすでに、「現代を」――あるいはより控えめに表現すれば、現代の生の巨大な諸力のわずか一部分でも――「過去から理解する」という大胆な企ては、本来人間の手に余る作業なのである。問われている生の形成物の、**現代における**表れを、すなわち実際には、事象や運動や声明や活動の巨大な複合体を、ただ眺めつつ把握することさえ、死すべき運命の者には許されていないことを考えるならばなおさら、その企てはまさに人間の手に余る性格の作業なのだと明らかになる。〔しかしながら、〕たった今論究したことを考えあわせるとしても、学校の教育活動に何のためらいもなく負わせられている課題が、教師でさえも挫折するに違いない企てのように見えるのは、この〔量的な〕困難さのゆえではない！ましてや、量的な困難さは実際には全作業の最下層に属するものであるがゆえに、そうなのである。というのも、その困難さが克服されたと仮定するなら、まさにその時に、主体のもつ像形成の力がこれからその作品を作るもとになる、生の素材がようやく待ち構えているからである。その形成力は、大それた無謀な企てにいつ成功するというのだろうか！ここで理解されるべき形成物は強大でその表れは無数であるがゆえに、過去におけるその形成物の生を把握しようとするだけでも、歴史的直観には相当な働きが必要とされる。しかしともかくも、その形成力は、ここですでに、現実の姿のなかに、その形成物の解釈を方向づける一定の点を見出す。というのも、形成力が膨大な過去の生のなかから歴史的に重要なものを取り上げようとする時、その選択は、すでに過去のものとなったその影響を歴史的に認識できるのと同じくらいに客観的な基準を拠り所とするからである。その形成力が結果から原因へと線で結ぶことによって、歴史的生の流れが組み立てられ、構成の始点となりうる確固たる点が現れる。しかしながら現代の生の海を見渡す者は、そのような指標となる点の欠如に耐えなければならない。生の表れの多様性のなかからは、さまざまに異なる理解がその証拠を拾い上げることができるのである。思考が現実の姿の混沌を秩序づける時に用いる線、その線は――未確定の**未来**の暗闇のなかへと伸びていく。というのも、実際には、「現代を歴史的に理解する」とは、過去と現代のジンテーゼであるのみならず、未来を先取り的に解釈することでもあるからである。未来は、私たちがそれを願い、望み、恐れるように、観点の一部を手渡してくれる。それに従って、私たちは、現代の事態の見通しのきかない混乱のなかから特定の要素を解釈し、その要素を私たちの認識像の構成へと組み入れるのである（原注2）。しかし当然ながら、未来の可能性が構成のなかに組み込まれる場合には、予感の入り込む余地はさらに広がることになる。

要するに、そのように現代**のなかに**過去と未来を把握しようとする理解、またそれを可能にすべく、多様な姿を取る膨大な生の見通しがたさを一握りにまとめようとする理解は、そもそも人間の精神が携わることのできる試みのなかでもこの上なく無謀なもののひとつなのである。この試みがきわめて浅薄な空論や奔放な空想以上のものでありうるのは、何とか措置できるあらゆる保護と制御でその試みを取り巻く場合に限られる。言い換えれば、関連する経験の素材をこの上なく誠実かつ根本的に吟味することで、そのような像形成の行動に向かう心性の本質をなす予感という要素を制御する場合、そして、この上ない注意深さへと高められた批判的な自己熟慮によって、性急さと突飛さを抑制する場合に限られるのである。

偽りの歴史の像

現代を過去から理解すること、この一見すると何の問題もない思考は、実際には、歴史の認識がそもそもたどらなければならないきわめて複雑な過程のひとつなのだが、このことは、最小限にではなく詳細に説明されなければならなかった。なぜなら、私たちの生の実践はまさにその反対のことを証明しているように見えるからである。半分程度の教養しかもっていない者でさえ、そのような理解を必要とする問いにつねにすぐに確実に答えることができる。こうしたことも、〔生の実践に対して〕判断を下す者が不安になるのは、自らの能力に対するささいな疑いのためではないことを裏づけるのである。不安に包まれた判断を誘発するきっかけは無数にある。何千年にもわたる歴史的な過程を今日のような姿や体制へと到らしめた巨大な存在力に縛られながら漫然と暮らす人間、その存在力によって存在を支えられ妨げられる人間、その存在力によって財を与えられ、徳を授けられ、情熱で満たされ、不和によって苦しめられる人間――このような人間は、それらのすべてを、自らが関与することのないまま進む運命であるかのように無意識的に体験するのみならず、あの〔存在〕力が世界という舞台の上でそのドラマを演じるのを**見ており**、苦悩においても行為においても自らがその〔存在〕力に結びついていることを**知っており**、それによって人間は、ほかならぬその存在力の本質、すなわちその過去と現在と未来の姿によって、「像を形成する」ことができる。さらにはその結果としてその〔存在〕力の生ける影響が人間に理解されるようになり、場合によっては前もって計算できるようになると考えられている。高度に発展したジャーナリズムは、〔歴史が形作る〕あの巨大な形成物の生が投影された表出や行為や作用を、世界のあらゆる地域から絶え間なく人間に知らせている。私たちの問題を形作っている機能をたとえ控えめにではあれ果たすよう求められていると感じることなしには、人間は新聞を読むこともできない。自らが知った、あるいは体験した事象を、人間が生の歩みのなかでその構成要素を形成する歴史的な生の全体のなかに埋め込むことが、つねに重要となるのである。しかしながら――上で論究したことに従えば、その種の認識課題に取り組む、訓練を積んだ専門家さえをも邪魔する困難の大きさと重さを考えるならば、人間に期待されたことがすべて実現できるわけではないのだとすぐに気づかれるに違いない！　というのも、専門家はいざ知らず、あの文化諸力が過去において表明した本質や現代において多面的に展開した存在を、せいぜい時々ちらりと見ることしかできない一般の人々に、一体何ができるというのだろうか？　この形成物の存在の深みから新しい行動が突然に現れ、共に生活し行為する仲間を全体から「理解」するよう要求する時、**一般の人々**はいかなる経験の在庫へと立ち返るべきなのだろうか？　多くの場合、いやほとんどすべての場合、人間がもっているものといえば、人間の背後にありいつでも活かすことのできる豊かな経験の在庫を**代表し**、それゆえすぐに流動化させることもできるような像なのではなく、一般的な規定――その背後には展開できる具体的なものの見方がまったくない――の不十分な寄せ集めなのである。平均的な同時代人が、ロシア民族の性格や、労働者階級の心性や、キリスト教の精神や、イギリスの文化等々についての自らの理解を十分に発展させようとする場合に、どのような経験の在庫を用いるか、まったく明らかではないだろうか！　学校で暗記したわずかな日付、初歩的な事典項目、どこかで拾い上げたいくつかの「特性」、そしておそらく、問われている生の諸力を代表する人物についての偶然的な印象――まさにこうしたものを素材として、一般の人々は全体に対する自らの見方を素人細工で作り上げるのだが、その見方はあまりに内容が空疎で、硬直し、浅薄なものなので、生き生きとした動きへと解体されることも、新しい印象と有機的に関連づけられることもできないのである。

ここにみられるような、認識の課題に取り組む際に立てられる理想的な要求と主体が実際に身につけているものとの不釣り合いを考えるならば――批判的な疑いや、自らの判断力への深い不信や、絶望的な断念に覆われるのが普通だと考えられるかもしれない。すでに気づかれたように、実際にはその逆である。他の認識領域の問題からは慎重に距離を取る人間、微分法や古代バビロニアの言語やラジウムの影響を「理解」するという妄想に根拠なく身を捧げることなどない人間――まさにその人間が、満足した解決に結びつくすべての前提を所有していると考えられる場合に限って理解できる**この**〔歴史的な〕認識課題については、つねに楽観的な確信とともに着手し処理するのである。党派や民族の内政や外交の闘争においてつねにどのような形で意思形成が行われているかをみれば、平均的な人間が全体に対する自らの見方の能力をどれほど強く信頼しているか、暗記している決まり文句のなかに世界史を理解する鍵をもっているのだとどれほど強く誤認しているかについての、もっとも説得力のある証拠が得られるだろう。

ここで要求されている認識作用の不可欠の前提がそれほどまでにはなはだしく誤認されてし

まうことをどう説明すればよいのだろうか？　その原因は、問題となっている思考過程の固有性、すなわちその思考過程の結果を私たちが素直に「像」と特徴づけてしまうという固有性のなかに探されなければならない。思考が形成するものの特性を表すのに、このような特徴づけは他の何にもましてふさわしい。なぜなら、その〔歴史の〕理解は、たとえその基礎となる素材がどれほど限定され、一面的で表面的だとしても、所与のなかに**全体**を、すなわち表れのなかに込められた心性の全体を、把握しようと努めるからである。**内的な像形成**の働き——それは直接の所与が示すことのできないものを、ある種の補完的で補足的な空想によって付け加える働きなのだが——によらないで、いかにして偶然で断片的な証拠からそのような全体が得られるだろうか。たとえひとりの人物が私たちの目前に初めて現れ、その人物が何者なのかを示唆する、ふともらされたわずかな表れや眼差しや身振りだけから私たちに何かを知らせるとしても、私たちの理解は、このような個別のデータをただそのまま登録するのではなく、それらのデータの背後に、たとえなお漠然とであれ、その人物の全体の輪郭が姿を現すのを見るのである。しかも、このような像が生じるためには、第一印象と結びつく特別な思考は少しも必要とされない。表れを認識するなかで、すでに像も生じている。さらに関わりを続けるなかで、第一印象は、場合によっては意識的な反省の介入を受けながら、補完され修正されていく。この発展的な認識の過程は、最後になってようやく合算され望みどおりの全体的印象をもたらすような個々の認識の収集と総括の過程なのではない。そうではなく、すべての段階において私たちは全体像を見ているのであり、その全体像は、その経過とともにより完全なものへと形作られ、細部においてよりよく確定されるのである。すなわち、ここに示されている認識の過程は、素材をできる限り完全に我がものにした後で初めて何らかの成果を得たと感じられるような性格のものではなく、反対に、そもそもつねに目的地にいることを知っているものなのである。なぜなら、その認識の過程は、求めている全体をつねに何らかの仕方で捉えているからである。「像」はいつでも、その躍動感にあふれた、勢いよく迫ってくる性格のゆえに、信頼できるように見える。印象のなかに素朴に没入する人間が、その像を十分に根拠づけられた認識と同一視してしまうことは避けられない。他分野における認識にはそのような特性をもった思考がみられないのはなぜか。このことは、上で比較のために引き合いに出した認識作用を一瞥するだけで十分明らかになる。

生き生きと居合わせている個々の人物を理解することではなく、集団的存在――その一員を通してのみ、あるいはそれを間接的、派生的に証明するものを通してのみ、視界に浮かび上がってくるような――を理解することが問題となる場合にも、まさに同じ像形成の力が働き始める。拠り所となる素材が不足しているとしても、所与のものを生き生きとした理解可能な像へと制約なしに自動的にまとめていく形成的で補完的エネルギーが、すべて妨げられ惑わされるわけではない。倦むことなく働く空想は、あらゆる断片的なもの、偶然なもの、孤立したものを、自らを説明する連関へとつねにまとめ入れる。そして、そのように不十分に飾りつけられた像であっても現実の知識に匹敵するのだ、という意見がどれほど根拠のない思い上がりであるとしても、**ひとつ**の事情に目を向けると、その意見の弱点がいくらか取り去られる。というのも、この中途半端な知識は次の点で賢明な専門家の認識と共通しているのである。すなわち、専門家の知識も「像」であり、その像は、すべての素材を疲労困憊するほど苦労して処理する作業のなかからその真理を引き出すのではなく、手に入れることのできる事柄を選択し、まとめ、具体的に形作っていく作業を通して、まったく見通すことのできない生の動きを**代理する**という性格をもつ点である。無能な者をも助ける空想の介入なしには、この像は生じないだろう。専門家の充実した見方と平均的な観察者の粗雑で濃淡に乏しい像とを隔てる距離がどれほど大きくとも、歴史的客体に関しては、正しいことと誤ったこと、理解と無理解との間の境界線を、他の客体の場合ほど鮮明かつ一義的に引くことはできない。手に入れることのできる個々の素材を我がものとすることが実際の理解にとって第一の条件となる限り、その境界線は、せいぜい素材の観点からは規定できても、機能の観点からは規定できない。なぜなら、すべての歴史的認識に内在する予感という要素を、厳密に方法的に制限することはできないからである。こうして、客体の完全な理解から根本的な誤解への流れるような移行が生まれるのである。けれども、このように段階づけられた理解を含むイメージにはすべて、ひとつの共通点がある。すなわちそれらは、どれも同じ程度に「客観的」なものとして、経験のなかで根拠づけられたものとして、そして歴史的に証明できるものとして現れるということである。像を形成する空想は、不確実な感覚を生じさせることのない無邪気さとともに作用するのである。

ここで、この〔像の客観性の〕確信の正しさを揺るがすものは、例えばその基礎〔となる素材〕の不十分さだけではない。形成力が所与のものを処理する自由が増せば増すほど、その形成力の活動の余地が十分に根拠のある物事に関する知識によって制限されることが少なくなればなるほど、その形成力の動きが思考の批判的な規律によって抑制されることが少なくなればなるほど、その形成力は自らの作用と並んで、別の由来の別種の傾向をますます容易に引き起こすようになる。すなわち、主体がそれに気づく必要のないままに、恐怖と希望、願望と欲望、憎しみと愛情が像形成の経過に入り込み、形成されるべき全体に望みどおりの性格を付与し、そうすることで確証を得ようとするのである。けれども、このような思考の結果として精神が目にするものは、歴史の根拠づけに関わる確実性の感覚を、真の理解と分け持っているのである。すなわち、今や「現代は過去から理解されている」のだ。

こうして思考は、生の現象を歴史的に理解しようとするや否や、別の方面での思考の活動を欺きうるよりも数において勝るだけでなく、欺瞞に気づくことなしに思考がそれを最後までたどってしまうような、**誤った道**の前に立たされる。この致命的な特徴は、私たちが見たとおり、十分な能力をもたない者がその生を形成するにあたり、自らの力を試す以外にないような仕方でこの認識の対象に出会うがゆえに、特に強く当てはまるに違いない。しかし、歴史的思考がはまり込むそのような誤った道の悪影響は、現代がその対象である以上、単なる**思考**の誤りをはるかに超えるがゆえに、もっとも深くにまで及ぶ。昨日についての判断は観察者の判断であり、今日についての判断は**行為者**の判断である。現代を歴史的に理解することはすべて、単なる理論であるにとどまらず、歴史の影響とともに行為する使命をもつ人々のなかに、まったく直接に意志の衝動を解き放つ。未来を思考することは意識的、無意識的につねに現代を理解することに介入するが、そのもっとも深い理由がここにある。こうして、現代を歴史的に理解することと自体が、歴史的出来事のひとつの要因になる。しかもそれは、歴史的出来事が引き起こされる原因へとますます関与を強めていくような要因である。無意識のうちに作用する、行為の推進力となる本能や感情が、明確に意識された動機づけによって次第に排除されていくことは、文化の発展の根本的な事実である。加えて、私たちの時代の精神的な本質は、感情的で遺伝的な動機づけからすべての行為を解放し完全に合理化しようと望む、この明確な意識によって特徴づけられる。しかし、現代の人間の行為を導く意識的な動機づけのなかでは、歴史を踏まえた動機づけが非常に幅を利かせている。けれども、歴史的思考がますます強く集中して行為に作用を及ぼそうとする結果、個人の活動の範囲も同時に見通せないほど広がり、その個人の行為が再び歴史に影響を及ぼさずにはいかなくなる。大衆が共同体の形成にますます強く関わるようになって以来、また個々の市民が政治的権利の行使を通して完全に国家という生の共同の担い手となって以来、その思考と行為が歴史への影響になんら寄与しないような個人はもはや存在しない。こうして、知識と教養の考えられうる濃淡の差をそれぞれ代表する無数の人がその環境世界を理解する仕方が、あるいは理解したと思うその仕方が、この環境世界のさらなる運命に深い跡を残すに至るのである。しかし今や、行為を導く考えは歴史を踏まえているのだとする確信が、その考えのもつ動機づけの力を、あたかも根拠づけられたものであるかのごとく、あるいは妄想のごとく、効果的に強化する。ここに、歴史の像はそもそも論理的に制御できない力によって構成されるという事実の、もっとも深刻な影響がある。歴史的な動機づけの突破力は、ほかでもなくそれが合理的に、意識的に、そして科学的に証明された姿を取るという事情に由来するが、しかしその成立の過程では、批判的思考の監視を逃れるがゆえにあらゆる非合理的な影響にさらされてしまう部分をもつ。その結果、歴史的な理解が行為を正しい方向に導くのと同じ力強さで、偽りの歴史的な誤解が行為を誤った方向に導くのである。このことは、翻って私たちの時代の本質を余すところなく明るみに出している。誤って歴史に根拠をもつと考えられた偽りのイメージが民族の憎悪や党派の確執に関与していることを評価したいと思う者がいるだろうか？　いずれにせよ、歴史的に思考する現代の民族は、自らを理解する以上に誤解してきたのであり、この事実が説得力のある証拠を伴って生を覆っているのである。——自らの時代を評価する時に歴史的思考が陥る誤りは、そもそもどのようにして、実験が自然科学的思考の誤りを反証する場合と同じように、最終的に異論の余地なくその罪を証明されるのだろうか。せいぜい、すべてを厳しく検証する現実自体が、誤れる人間自身の身体や生に対して実験を行うにすぎない。そして、その結果をもとに自らを正すことができるのは、誤りと改悛がすでに過去の歴史となっている未来の世代に限られるのである。

歴史的思考が福音にも呪いにもなりうることをいったん認識した者が、次のように問わないで済むとは思われない。歴史についての考えのなかから、行為の根拠づけとその致命的な影響の可能性を排除するような精神のあり方のほうが、現実に広まっている精神のあり方よりも優れていると考えるべきではないのか、と。民族の心性を歪曲された現実の像で満たし混乱させる**偽りの歴史的な**精神のあり方に比べるならば、そのような**非歴史的な**精神のあり方はどれほど健全で幸福で誤りのないものに見えることだろうか。**ニーチェ**が非歴史的なあり方を「すべての正しい行為の母胎」(訳注4)として祝福した時、そこでは生を抑圧する歴史主義の麻痺させる作用だけが考えられており、それに対してニーチェは、妨げられることなく十分に展開された本来の力という像を対置したのだった。しかしながら、知識過重な精神よりも妄想に魅了された精神のほうが危険であるのと同じように、歴史的な精神の構えよりも偽りの歴史的な精神の構えのほうが、はるかに大きな破壊的影響をもつように見える。もちろん、先の問いは実際には無意味であり、実りのない非現実的なロマン主義の雰囲気のなかでのみ真剣に立てられるものである。いかなる考慮や介入も近代の文化生活の明るい意識をもはや後戻りさせることができないのと同様に、個々人の場合であれ全体の場合であれ、行為の歴史的な動機づけが断ち切られることもありえない。そう、近代の生活はその動機づけを許すのみならず、それどころか至る所でその動機づけを強いるのである。政治的な共同行為の権限を得て以来、すべての国民は、生がそこで人間と出会う歴史の形成物に対して何らかの態度を取るほかはなくなり、そのためにはやはり、学校や報道機関や、高められた生を生きる一般の人々が知らせてくれるような、たとえなお不十分であるとしても歴史的な洞察が必要となるのである。それゆえ、一方で近代の生が人間に現代を歴史的に理解することを要求し、しかし他方で、この理解が可能なのは限られた専門家集団にしかできない思考活動だけであるとすれば、ここに私たちは**文化発展の二律背反**に直面することになる。いかなる知恵もその二律背反を調停することはできない。せいぜいそれを弱め、その影響をできる限り無害なものにすることが重要となる。歴史のイメージの本来の力がもつ、構成的であるとともに破壊的な作用を知っているまさに私たちの世代にとって、この問題こそ重要な課題のひとつなのである。

歴史的理解を目指した教育

当然ながら、この課題の本質的な部分は高等学校(訳注5)に割り振られる。高等学校がその義務にそれほどまでに真剣に、それほどまでに責任をもって取り組まなければならないのはなぜか、またその解答がいかなる方向に探し求められるべきかは、私たちの考察がたどってきた大きな回り道のなかで明らかになったに違いない。その回り道はまず、推し進められている改革の提案に共通する根本的な誤りは何かを認識させてくれたはずである。たとえ「歴史的**思考**への教育」という標語が掲げられていても、それら改革の提案はすべて――「さらに詳細な内容を取り上げるべきだ」、「直近の現代に至るまでの進歩を扱うべきだ」といったように、教材の量的な増加を要求する提案であれ、古代、一九世紀、経済史、社会生活などのように、内容的、時代的に限定された特定の領域を優先的に取り上げることを要求する提案であれ――徹頭徹尾、**教材**の側に向けられている。では、教材の量の増加、生徒が「知らなければならない」事柄の増加は、どのようにして、獲得されるべき理解へと至るのだろうか？　改革者の熱意が要求するほど多くの時間的余裕と教材が歴史の授業に与えられるかもしれないが、歴史の授業はそのような十分な素材のなかで歴史的な生の諸力のわずかひとつさえも扱うことができず、結果として、求められている理解の条件となる量的な前提だけを満たすにとどまるかもしれない。後になって生徒が、個人的に探究活動を進めるなかで、過去と現在における歴史の形成物の表れに沈潜するほどの理解を得ようと望む時、歴史の授業は生徒の誰一人に対してもその手助けとなることはないだろう。歴史の授業が学習者に教材の面で与えることができるもの、それは見通しがたいほど幅広い教材の領域に関する初歩的な概観、ないしはとりあえずの方向づけ以上のものではない(原注3)。しかし私たちがこの量的な困難さを度外視する場合でさえ、そのようなものとしての教材に向かう問題設定はすでにそれ自体誤りである。その問題設定は、「素朴なリアリズム」の意味において、歴史の認識は完了した所与の単なる受け取りないしは読み取りにすぎないとする考え方から出発しており、歴史の認識が創造的に**構成**する営みであることを誤認しているのである。この構成に責任を負う認識する精神の力、その生きた活動なしにはどのような教材も単に死せるガラクタの山になってしまう認識する精神の力こそ、特に呼び覚まされ発達させられなければならないものである。しかし、ある歴史の教材が、それが不分明な古代のものであれ分明な現代のものであれ、既成の知識として、概念へと仕上げられて提示されるならば、いかなる場合でも教育は、教育にとって重要なあの目標に**一歩たりとも**近づくことはない。なぜなら、そのような類いの歴史の教材に関しては、理解という活動、像形成の活動はすでに終わっているからであり、その場合学習者には、課題はおろか出来合の解答さえも与えられないのである(原注4)。しかしながら、私たちが理解することを学ばなければならない現代は、私たちにとってそれほど単純なものではない。現代は私たちに、既成の概念ではなく、私たち自身が初めて把握すべき事実の素材を与える。つまり、歴史的な理解が訓練されるのは、精神が歴史の像の形成過程の、確定済みの結果を受け取るところにおいてではなく、ただ精神がこの過程を**その生成において自ら体験する**ところにおいてなのである。さてしかし、学習者がそれを用いて歴史の認識の構成的な基礎力を発達させせ試すはずの教材は、どのように調達されなければならないのだろうか？　ここでもまた、教材自体をその時間的な規定や内容的な意味から、その価値やそれにふさわしい関心から捉えようとする者には、答えは与えられないままである。歴史的な教材は実際、この上なく高度な、争いえない価値をもちうるが、それにも関わらず——あるいはまさにそれゆえに——その最初の手探りでの試みの対象として未熟な精神に引き渡すには適していない。むしろこの問いにおいては、教材が生成の途上にある精神の未熟な力に対してどのように差し出されるのか、あるいはその素材が認識の根本形式に対して機能の面からみてどのように関わるのか、が重要となる。この教材選択の原理は、例えば数学や語学などの教科における教材決定においてはすでに長い間当然のこととして適用されているのと同じ程度に、歴史的思考への教育の過程においても慎重にかつ意識的に適用されなければならない。そう、発達する精神を注意深く、計画的に前方へと導くことが、数学や語学の授業にもまして歴史の授業では必要なのである。というのも、歴史的思考は、構成されることなしには決して目標に到達しない以上、監視されないまま放任されたならばすぐに野性化してしまうような要素を含むからである。そして、教材の知識が大量に不足しているのを埋め合わせることよりも、密かにはびこりながら深く根を下ろしてしまった、誤った思考の習慣を根絶することのほうが、どれほど難しいことだろうか。もっとも、歴史的な教材を確固たる**基準**に従って、それが認識に与える難易度に応じて序列化する試みは、これまで一度も行われていない。そして、なぜそれが行われないままなのかを確認することは、きわめて示唆に富む。難易度に従った序列化は、数学や自然科学や言語の授業においては客体の性質に従って自ずから出来上がるのだが、歴史的な対象については、複雑な思考の歩みを踏まえることでのみ可能となる。なぜなら、上で説明したような歴史的な概念形成の固有性のために、たいていの場合、認識の過程の困難さは意識されないからである(原注5)。ここまで詳述してきたことはすべて、歴史の教材の選択基準を見出す試みの基礎となるはずである。その基準は例えば次のように定式化されるだろう。客体は、認識する精神が最初からただ厳密に方法的な意味で構成の活動を開始できるような仕方で選択されなければならない。(1)その選択が可能になるのは、理解されるべき歴史的客体がそこにおいて姿を現す個々の要素の**量**がそれほど多くなく、その結果、欠落のない完全な形で、理解の基礎として学習者に引き渡されることができる場合に限られる。(2)また、正確な知識の範囲内で構成の活動が開始されるのは、それぞれの段階にある学習者の解釈能力が客体の本質を十分把握できる手がかりとなるような**質**を、個々の要素が備えている場合に限られる。その場合にのみ、方法的な思慮深さのなかで構成が行われ、その構成はあいまいな意見へと転落することから守られ続けるのである。

さてしかし、どこで私たちは過去の本質をそのように**濃密**かつ**明確**に——先の基準が要求しているように——把握できるのだろうか？　文字は、私たちと過去との間をまったく独自の、比類のない形で結びつける。過去に存在した生がうつろいやすい運命の手に落ちる時、文字は、生成の流れのなかからこの生の内容に関わる何ごとかを取り上げ、過去に存在したものに永遠の持続性を与える。何千年にもわたる時を超えて、文字は、生成しつつあるものの精神と存在したものの精神を直接結びつける。文字が私たちに与えてくれるものには、とりわけ二重の側面がある。そのひとつは、思考に表現の手段を与えた言語であり、もうひとつはこの手段によって自らを表現した思考である。しかしこのふたつのなかで文字は、ほかならぬ歴史的な個人の本質の表明を私たちに与えてくれる。共同的な思考と感情の作品である言語のなかには、言語を創造する共同体の集合的な個性がその最奥の本質を目に見える形へと具体化し、民族の精神が姿を現している。しかし、文学作品のなかには、過去の個々人の精神がその内的な生を映し出し、可視化している。つまり、言語と文学作品のなかで、歴史上の個人自身がその本質を私たちのもとに運び、歴史上の個人が私たちの面前に現れるのである。私たちの精神を感動させるもの、それは実に過去の生なのである。けれども、私たち自身が過去の生**について**私たちに語る場合と、**この生自体が私たちに答える**場合とでは、どれほど異なっていることだろうか。前者の場合には、語り手の精神が私たちと過去の生を結びつけるが、その生は語り手が私たちに向けてあらかじめ考え、あらかじめ形作ったものである。私たちは語り手の眼差しや把握を通して過去を見ることになる。後者の場合には、見られた生を自ら創造的に解釈し、本質の自己証言を手がかりに本質自体へと迫っていかなければならない。そしてこの課題は、過去から遠く離れた個々の語り手による、大雑把で、込み入った、必ずしもつねに明確ではない抽象化を経由して初めて私たちがその本質に近づくことのできる前者の場合よりも、本質が私たちに集中的にその姿を現す後者の場合において、はるかに容易に、また実り豊かに達成されうるのである。

もちろん、言語と文学作品だけが、ある時代の精神がそこで持続性を獲得し後進世代の前に歩み出る唯一の形式というわけではない。例えば、言葉によらない芸術作品それ自体も疑いなく、その作品を生み出した創造精神を、劣ることなく印象的に伝える。しかしそのような作品は、歴史の認識にとってはきわめて扱いにくい客体である。なぜなら、その作品がこの〔歴史という〕方向に関して示す事柄は、実に難しい仕方で、認識のもつ概念的な手段によって把握される必要があるからである。創造者の本質を作品から認識するためには、感じられたことや見られたことを思考というまったく別の層へと、根本的に、またひとつひとつさまざまに議論されるような形で、置き換えることが必要となる。造形芸術の作品から芸術家とその時代の本質や精神を解釈しなければならない時、まさに不安定な床の上を歩くかのような感覚にしばしば襲われるのは、理由のないことではない。ましてや音楽作品と向き合う時には、その試みは少なからず、無限なものへの空想的な耽溺に終わってしまう。これに対して、文学作品は、創造者が彼を満たしたものを自らそこですでに思考という概念的な形式にもたらし、言葉として表現しており、それによって客体を精神の領域――ほかならぬ概念や思考や言葉といった認識する者が用いる手段もそれに慣れ親しんでいる領域――へと高めるのである(原注6)。

以上のことから、歴史的認識のどのような客体が、先に立てた〔過去の本質を把握するという〕要求をもっとも十分に満足させるのかについての結論が得られる。それは、高等学校が長い間そのもっとも価値ある所有物を正当にもそのなかに見てきたもの、すなわち**外国語の授業**の対象にほかならない。したがって、言語の授業は、すでにこれまでにも、その大きなあるいはわずかな成果に応じて、歴史的思考の訓練に寄与してきているのである。たいていの場合、言語の授業は、外国語や外国の文学作品を理解する際に歴史的認識の特殊な機能がどれほど強く、またどれほど生産的に関わっているのかが必ずしも容易に見て取れないというそれだけの理由から、正当に評価されていない(原注7)。たいていの場合、この**思考形式**の訓練が現代という歴史的世界の理解——この理解はまさに同じ思考形式をある特に複雑な教材に応用したものにすぎないのだが——にとっても有益だと考えられることは、さらに少なかった。たいていの場合、このような考えといかにかけ離れていたか——このことは、現代の理解を呼び覚ますために外国語の授業を脇に押しやり、そこから得られる時間と労力を歴史的な現代の**教材**を詳しく扱うことに振り向けようとする人々の熱意が証明している。そのような人々は、教育にとって適切な客体を用いた思考機能の訓練——たとえそれがはるか遠く離れた過去の教材であれ、同じ種類の他のあらゆる客体や、さらには目下の現代の客体を扱う場合であれ——が目に見える効果をもたらすことを見過ごしているのである。あるいはまた、古代アテネの哲学的対話や古代ローマの私信を用いて解釈的理解の技術を方法的に厳密に訓練した者は、同じことを現代のイギリス首相の演説に対しても同様の思慮深さで行うであろうことを見逃しているのである。これは、初歩的な数学の課題に対する解答が、次第に難解になる課題を克服するなかで自らを高め、最後には天体の軌道を計算し巨大な橋を建設するのと同じ思考の訓練として、その直接的で疑問の余地のない価値をもつのと同じである。言語の授業には、さらに強く意識的に、より計画的に、その授業の対象を歴史的思考の訓練にとって実り豊かなものにするという課題が残されていると言えるかもしれない。

ここ(訳注6)で考えられているのは言語の授業のどの部分なのか、明確に精緻に示されなければならない。この授業の目標設定は時としてある種の曖昧さをもつ。なぜならその授業は実際にはきわめてさまざまな精神的機能を関連づけつつ活動させるからである。その授業は、自然科学的に探究されるべき連関や、心理学的に解釈されるべき連関を考察する。その授業は、論理的思考を要求し訓練する。その授業は、美的な価値や倫理的な価値を伝達する。第一に、その授業が要求する純粋に論理的な思考は、ここで考えられている〔歴史的な〕精神の訓練の内容でも前提でもないように見えるかもしれない。そのような純粋に論理的な連関は、言語の授業の客体が示す個人的―精神的な形式とは関係しない。このようにみると、言語の授業が要求する精神活動は歴史を越えたものである。しかし第二に、ここで考えられているのは、いわゆる狭い意味での「言語史の授業」でもない。この授業は、言語をその特殊な固有の生の内容や連関や法則の観点から考察する。しかし私たちの観点からみれば、この授業では、この固有の生それ自体を究明することも、その固有の生から歴史的な個人の本質を、すなわちこの場合には言語を創造した民族の本質を理解することも、その固有の生のなかに一定の唯一の内面性の**表現**を認識することも、課題とはされない。例えば、一定の母音の連結の変遷や統語形式の発展を考察する者は、言語それ自体の範囲内にとどまり、それらの内容や発展と創造的な全体精神との関係は考慮されないままである。言語の授業では、この実に内容豊かな課題に、相応の価値がつねに与えられてきたわけではないと私には思われる。けれども言語は、それが現実の証拠をその概念のなかに集めて秩序づける仕方、それが現実の諸関係を統語的接続のなかに再現する仕方、それが実体のないものをイメージにおいて捉え具体化する仕方、それが一定の価値観を形成する仕方――これらのすべてにおいて言語は、すぐれて規定的で創造的な精神の構造が、もっとも明確かつ目に見える形で姿を現したものであることは明らかである。また、参照しうる数多くの表現からの帰納的推論を通して、それらの表現のなかに自らを映し出す精神へと迫る作業が、もっとも有益な探究のひとつであることは明らかである。もちろん、学校はしかるべき注意をこの課題に払ってこなかったが、学問が学校に認識と主導的概念に関わる十分な素材を必ずしもつねに提供してきていない以上、それは無理もないことである(原注8)。実際、学校における活動のなかには、このような種類の言語研究に力を注ぎ、歴史感覚の深化に役立てる機会が十分にある。もちろんこれに関連してすぐにひとつのことが明らかになる。このような種類の言語研究にとって、**ドイツ語から外国語への翻訳**は不可欠の補助手段であり、当然の出発点である。というのも、その翻訳作業のなかで、外国語の表現の特殊性を概念において鋭く把握し、自らの言語の表現と区別するという課題が精神に強制されるからである。外国語から〔ドイツ語へ〕の翻訳作業のなかで〔精神が〕この強制を感じることははるかに少ない。なぜならドイツ語の表現は私たちにある程度自明のものとして、言い換えればこのような〔精神と言語表現との〕境界を意識しなくても済むような仕方で、与えられているからである。しかしながら、境界で隔てられた言語作品の特性を心理学的に、すなわち言語を創造した者の心性から解釈するためには、言語の形式がまさにこのように鋭く概念的に区別され対置される必要がある。もっとも今日では、同じドイツ語から〔外国語へ〕の翻訳であっても、ここで述べた課題に有益でないのみならずまさに対立するような種類のものも流行している。繰り返し現れるドイツ語の表現を外国語の同様にステレオタイプの表現に置き換えることが翻訳の課題とされるならば、そのような機械的な置き換えは、自らの言語の表現はすべて当然に別の言語のなかに合致する対応像をもつという考えを助長し、あらゆる言語作品がもつどこまでも個別的な性格は覆い隠されてしまう。そうではなく、現実は言語を創造する共同体の精神のなかに実にさまざまな仕方で自らを映し出していること、言語表現は外部から受けた印象に対する受動的な反応ではなく、与えられた事柄を創造的に構成し秩序づける営みであることが、明らかにならなければならない。しかしこのことが意識されるのは、まさに翻訳という課題を通して、母語の表現と外国語の表現の不一致を確認することが許されるのみならず、むしろ強制される場合に限られる。概念的にみると現代語にはるかに近い近代語よりもむしろ古典語のほうが、個々の言語に宿る精神の特殊性をはるかに明瞭に私たちに示すのであり、このことはしばしば、また正当にも、古典語のかけがえのない利点として取り上げられてきた（原注9）。

外国語の作家の講読を私たちが支持するならば、さらなる帰結が得られる。この種類の外国語の授業は、**歴史上**の作家を頻繁にその対象とするがゆえに、歴史的思考にとって有益であると期待できるのである。もっとも、私たちの説明がすべてこの結果に至るかのような誤解は防がなければならない。ペロポネソス戦争についての知識を得るために**トゥキュディデス**を読む者は、たとえ過去**について**語ることができるとしても、現代の歴史作品を研究する者と同じように受動的に、既成の教材を受け取るにすぎない。この点から見ると、認識の構成力には課題が与えられないままである。その構成力が活動し始めるのは、まったく別種の課題、すなわち提示されている描写を歴史的な個性の――この場合にはトゥキュディデスの――表現として理解するという課題に直面した時である。しかしこれは、その解決にとって、問われている文学作品の**内容**が歴史的なものかどうかがまったく副次的であるような課題である。この側面から見ると、哲学的ないしは芸術的な内容をもつ作品も、トゥキュディデスの作品が課したのと同様、まったく歴史的な問題を設定する。そのような問題に取り組むなかから、それに対応して変化した価値評価の観点が、つまり歴史的思考の育成という点で文学作品を評価する観点が、得られるのである。まず問われるべきは、内容それ自体が歴史的か否かではなく、ある人間やある時代の個性がそこに表れている仕方が、青少年の精神にふさわしい教育的な問題を課すのか否かである。このように問題を設定した場合、価値の物差しがどれほど大きく位置を変えるのかを、例で示してみよう。**クセノフォン**の『ヘレニカ〔ギリシャ史〕』や**リヴィウス**の『ローマ建国史』といった歴史作品は、生徒の歴史的思考にとって価値ある課題をわずかにしか立てない。なぜなら、その作品のなかにはその作品を生み出した人物の姿が教材の背後にかなりの程度消えてしまっており、その作品からは著者の精神の本質へのより深い眼差しはまれにしか生じないからである。これに対して、本来は非歴史的な内容である**プラトン**の対話篇は――それ以外の意義をすべて度外視するとして――歴史的思考の訓練にとってより大きな価値をもつ。なぜならその対話篇のなかではすべての言葉に、比類のない力と固有性を備えた人物が――ヴエールを通して印象深い顔の輪郭がほのかに見えるように、目前の文章を通して思慮深い読者が絶え間なく、言葉から本質に迫っていると繰り返し感じるような仕方で――説得的に表れているからである。すなわち、きわめて矛盾するように響くとしても、時として歴史的理解は、純粋に歴史的な作品よりも非歴史的な作品を手がかりとして、より効果的に訓練されるのである。当然ながら、このように考えるならば、作家の選択にとっての基準のみならず、作家の扱いにとっての基準も得られる。これに関しては、まったく異なる二つの課題がある。ひとつは、ある文学作品の思考内容をそれ自体で、論理的に、あるいは内容に即して理解し、倫理的ないしは美的に評価することであり、もうひとつは、その思考内容を人物の、すなわち作家の精神生活に関連づけることである。私が思うには、この第二の課題は最初の課題に比べてはるかに軽視されている。あるいは、その課題は文学史の知識を伝達することで解決されると考えられている。

ここまでの詳述の後では、もうひとつ別の誤解はまったく恐るるに足らない。「古代の精神」を蘇らせるべく、事実の連関――とりわけ多用されるのは「**古代の文化**」――がしばしば古典語の授業の対象とされてきた。私見によれば、この教科の真の教育的価値はこれ以上ないほど誤認されてきたといってよい。古典語の授業でも、既成の教材がお膳立てされた形で提示され、純粋に記憶力に応じて習得されているのである。さらに、本質的で内容的な価値が大部分期待できないような教材がこれに加わる。この大部分まったく表面的な物事によって生徒たちの頭は幾重にも苦しめられるのだが、実際にはそれらは古代の「精神」とまったく、あるいはせいぜいごくわずかにしか関係しないのである。

歴史的な自己批判への教育

歴史の授業が、上で挙げた基準に従って選択された客体を、例えば数学の授業がその対象についてなしうるのと同じように、容易なものから難解なものへと進む計画的な展開のなかで誤りなく並べることができるならば、どのような教育的要求にも矛盾しないような、歴史的認識の育成を目指した教育課程が確立されるかもしれない。けれども、その教育課程の進路を、取り除くことのできない障害が遮ることになる。生の要求と思考の形式との矛盾がそれである。この矛盾は、現代の歴史的諸力の内部で生きる私たちの歩みを貫いているのだが、**歴史教育の二律背反**という形で授業の領域にも現れるのである。授業が下から上に積み上げる形で一歩ずつ生徒を歴史的理解の技術へと導こうとするのに対し、同時に生は、精神的に未熟な同じ生徒の精神に対して、早速に歴史的諸力――その〔歴史的諸力の〕生は生徒をあらゆる側面から取り巻き、包み込み、担っている――をともかくも理解させるよう授業に要求する。つまり授業は生徒に、下から上へと徐々に難易度を高めながら、民族や歴史的集団や諸力について語らなければならないのだが、それらのもつ生の力は生徒たちのなかにもすでに働いているため、生徒は次のような中途半端な概念を身につけてしまうことになる。すなわち、下級学年(訳注7)ではその概念を捉えるための基礎がほとんどないも同然であり、学年が上がるにつれてたしかにゆっくりと習得されはするものの、しかしもちろん卒業する段階になっても十分には習得されないような概念を、身につけることになるのである(原注10)。生の要求はこのような形で、授業の過程に妨害的に、しかし不可避的に介入し、授業の構成のいわば基礎工事を行うと同時に落成させるよう強いる(原注11)。歴史全体の発展についての概観を与えなければならない歴史の授業はとりわけ、生徒の歴史的思考の育成がそこに到達せず、また決して到達できない歴史の抽象化という高みへと、授業での説明を通して上っていく必要性の圧力に悩まされる。歴史教育に内在するこのような分裂はひとつの危険を生む。それが脅威であればあるほど、歴史的な概念形成の固有性によってますます覆い隠されてしまうような、それは危険である。歴史教育の改革の提案に見られるきわめてユートピア的な要求と希望は、教育の他のすべての領域においては、対象の性質ゆえに排除されている。この要求を追い求めることによって、歴史の授業は重大な誘惑に陥る。すなわち、まったく不十分な内容を覆い隠すような概念を自信満々に操るべく生徒を習慣づける、という誘惑である。歴史の授業において幾重にも訓練された方法は、この危険を助長するのに好適であるにすぎない。さまざまな方法上の手管を用いることで、あの歴史的抽象化のより高度な層の内部で自律的に結論を「発見する」よう生徒を導くことができると考える者は、悪意のない自己欺瞞に身を委ねているだけでなく、自由な連想によって事実の知識の欠如を覆い隠そうとする、思考の根深い衝動に養分を与えてもいるのである(原注12)。

このような仕方で授業が行われるならば、歴史的に思考する上での注意深い規律の獲得を可能にするもののすべてが、再び破壊されてしまう。授業は、それと知ることも望むこともないままに、生を認識する力を誤って導くだけでなく生の基礎自体をも揺るがすような働きをもつ、思考の習慣を促すことになる。それゆえ歴史の授業は、そのような習慣の形成に加担することなく、計画的に戦うことを、その第二の、いわば**予防的な主要課題**としなければならない。もちろんそれは、完遂されることのない責務のように見える。それは、目の悪い者に、まさにその目の悪さが見えにくくしているものを見るよう仕向ける場合に似ている。しかし、ある種の歴史的概念がその下に覆い隠している内容の貧しさは、自らがこれまでにたどってきた理解の段階を、成熟した思考の高みから振り返って見る者に初めて明らかになるのがつねである。したがって、上に挙げた課題が認識される客体の側で解決されない以上、その客体を認識する主体の側でその課題に取り組む以外にない。こうして、生と教育の経験を踏まえた私たちの考えはすべて、次の結論に至る。すなわち、生徒の精神的成熟がそれを可能にするようになるや否や、生徒の目は歴史の像を創り出す思考過程に向けて、さらにはその思考過程の規則にかなった経過や、またそのありうべき不十分さと誤りに向けて、開かれなければならない、という結論である。生徒には、歴史的な思考の過程を自ら歩む手段とともに、それを批判する武器も与えられなければならない。歴史教育のこの部分がどのような目標と内容をもつのかは、これまでの詳述によってすでに示されている。なお検討されなければならないのは、その教育上の形式である。以下の一連の文章がその主な経由地を表すような思考の歩みをたどることは、より成熟した生徒にとって、容易ではないかもしれないが不可能ではない。——私たちが歴史と呼ぶ現象の全体は、過去に地上で生じた生の現実の全体に対してどのような関係にあるのだろうか？歴史と呼ばれる現象の全体は、無理のある一面性をもつ人間の思考がこの生の現実の全体から取り出した断片である。生の現実がもつ、見通せないほど多様な姿をとるこの部分を、人間の思考はどのように把握し、見渡すことができるのだろうか？　歴史の現象の全体から、特徴的で本質的な要素を選択することによってである。では、私たちが歴史的な生を把握するための概念はどのようにして生じるのだろうか？　所与の生の現実をさらに単純化する、という二重の過程によってである。では、この概念は現実に対してどのような関係にあるのだろうか？その概念は現実と完全に対応するわけではない。その概念は現実の機械的な模写ではなくひとつの構成物であり、それによって認識は生の混沌を秩序づけ、整理するのである。このような選択的な構成を行うことが可能であり、また許されているのは誰だろうか？　整理されるべき現象の全体を見渡せる者である。それ以外の観察者は問われている歴史的客体とどのように向き合うのだろうか？　不十分な直観的教材によって、全体を見渡せる者の案内の助けを借りて、である。

もちろん、授業の実践は一定の個別事例から始めてよい。例えば、私たちの生きる現代を未来の時点で書きとめたその歴史的な描写が何を含むであろうかを、ともかく生徒にイメージさせ、また何らかの仕方でイメージされたその内容を、私たちが体験しているこの現代と比較させるとしよう。生徒は、その描写の内容の全体を把握できないことに気づくだろう。なぜなら、そのような描写のなかで再現することが望まれる営みは無限にあり、またそもそもどのような伝承もこの全体を確認し記録することはできないからである。すなわち、歴史の記憶は**体験された現実の一部**だけを保存するのである。どの部分を保存するのかが問われることはほとんどない。しかし、ある特に詳しい描写を想定するとして、その描写は、例えば純粋に政治的な事実の全体を含むのだろうか？　この問いに肯定的に答えることができるとすれば、ある選挙での匿名の投票や、ある匿名のジャーナリストの論説や、下級の役人の失敗もまた重要な政治的影響を引き起こすかもしれない原因に部分的に加担している様子を明らかにすることになる。つまり、政治的行為の全体もまた記録することはできないのである。歴史はそのような政治的行為の何を記録するのだろうか？　この無数の部分的な行為の目に見える偉大な成果を記録するのである。けれども、その結果だけを説明しようとする描写がまったく見えなくしてしまうものは何だろうか？　歴史の英雄と全体を動かしてきた内的な動機である。つまり、精神的なものがこの行為の出発点に置かれなければならないのである。精神的なものはどのような手段によって、またどの程度確実に究明できるのかを生徒が自ら確認できるようになるのは、生徒が、自ら日常的にその仲間との関わりのなかで行う手続きを、先に示した仕方で分析するよう指導される場合である。さてここで、個人の内面のみならず、共同体、党派、そして民族の本質が確認されなければならない！　そこから得られる洞察は、過去が歴史的に認識される時の概念を分析するための基礎となる。例えば、「中世における教会と国家の争い」というテーマでの話し合いの最後に、「そもそも教会とは何か？」「国家とは何か？」という問いが投げかけられるとしよう（生徒はすでに長い間、この二つの言葉に慣れ親しんでおり、まったく自明の現実の事物を名指すものとして思い浮かべる）。それは人々の、指導的人物の、制度や法律の集まりだろうか？　それらの語は現象の全体を名指しており、私たちはそこに、個々人を超えた、互いに並び合い重なり合いながら広がる、生きた**統一**を把握する。この統一は生のどこでどのように存在し、作用しているのだろうか？　互いに関わり合いながら生きている無数の個人においてである。しかしこの統一はどのようにしてそれら個人の内面に現れるのだろうか？　それ以外の生の内容とさまざまに絡み合いながらである。歴史的な見方はそれ以外の生の内容に対してどのような態度をとるのだろうか？　その概念に属さないものとして無視する。「ドイツ国家」「カトリック教会」などの概念は、この概念に属する生の事象のすべてを含むのだろうか？

いや、**選択**されたものだけである。この選択は何を取り上げるのだろうか？　特徴的なもの、価値のあるもの、**本質的なもの**を、である。この選択を脅かすのはどのような誤りだろうか？　性急な一般化、主観的な評価、本質的なものの見過ごしである。そのような誤りからもっとも遠いところにいるのは誰だろうか？　問われている現象の全体を見渡せる専門家である。そのような誤りを避けることができない者は誰だろうか？　一部分だけしか知らない者である。では、あの全体を見渡せる者とこの一部分しか知らない者が同じ「国家」「教会」という語で名指している像は、内容的にみてどのような相互関係にあるのだろうか？

以上の例によって、歴史的認識がそれを用いて歴史的生の**共同体**を把握しようと試みる〔第一の〕概念のグループが明らかになる。第二のグループをなすのは、歴史の**時期**をその精神的な内容によってまとめるような概念である。例えば、「ルネサンス」という概念の内容は何だろうか？　この現象が属する一時代だろうか？　この現象に関わった、その時代に生きていた人々の全体だろうか？　いや、そうではなく、それ自体で互いに関連し合い、**統一**あるものとして理解された、精神運動である。この〔ルネサンスという〕概念は、それに属する精神的な事象や作用のすべてを含むのだろうか？　いや、伝承には制限があり、また人間の理解力にも必然的に限界があるため、除外されるものがあるだろう。すなわちここでも概念は、本質的な要素の選択を通してその内容を獲得するのである。この要素は概念を考える者すべてに同一なのだろうか？　概念は（もっとも広い意味での）文化史研究者にとって、政治史研究者にとって、芸術史研究者にとって、どのような内容をその内に含むのだろうか？　おそらく最初の〔文化史研究〕者はもっぱら、人間における新しい世界感覚や生の感覚の出現を、第二の〔政治史研究〕者は新しい国家観や新しい貴族の理想や新しい政治的教養の生成を、第三の〔芸術史研究〕者は新しい芸術的形態の興隆を、考えるだろう。さらにそれぞれのイメージの仕方の内部に限っても、特殊な関心の範囲や方向性に規定されて、本質的なものがさまざまに異なるレベルで選択されるのだと考えることができる。このように見ると、そのような〔歴史的な〕概念は、例えば「三角形」や「立方体」といった数学的概念に典型的な明確な一義性からどれほどかけ離れていることだろうか！　「ルネサンス」という名称がどのようなイメージを含むのかについて生徒に釈明しようとする者は、**語**という形で自らがもっている枠組みがどれほど内容に乏しいのかを告白せざるをえない。

歴史的概念の第三のグループは、例えば「古代のローマ人」「中世の人々」「近代ヨーロッパ人」について何ごとかを語るような文章を、直観させてくれるものである。このような文章の主語によって、何が考えられているのだろうか？　第一のグループに見られる生や行為において統一された共同体でも、第二のグループに見られる精神運動でもなく、まさに歴史のある範囲や時期に生きた個々の人間である。しかしまた、「この人」「あの人」と特定して名指すことのできる人物ではなく、その時代に属する無数の人々の、想定された代表者である。思考はこの個々の人々をどのように規定するのだろうか？　思考が当時生きていた人の多数ないしは平均として前提にする人である。私たちはそのような人を**典型的**と名づける。どのような特徴がこの意味で典型的と見なされてよいかを決定できるのは誰だろうか？　当時実際に生きていた人の多くについて可能な限り包括的な知識をもつ者のみである。では、そのような〔包括的な知識をもつ〕者によって規定された典型的な人は現実とどのように関係するのだろうか？　そのような〔包括的な知識をもつ〕者は取捨選択を通して現実を単純化し図式化しなければならない。すなわち、その作業を通して代表された現実の内容に関して、まったく粗く機械的なイメージを思い浮かべることがないようにするためには、歴史的思考はつねに次のような意識をもって典型を形成しなければならない。すなわち、その典型は、限りなく豊かな生を認識という目的のために単純化したものにすぎない、という意識である。

この考察が妥当なものであるとすれば、学習者の目前には次のような段階が存在している。（1）現実の生。（2）現実の生を切り取った断片。これは歴史的生と呼ばれる。（3）その断片のなかから選択されたもの。これは歴史的知識と呼ばれる。（4）歴史的知識の一部分。学習者が習得するのはこの知識である。学習者は認識するだろう。ひとつの段階から次の段階への移行はどれも現実の単純化を、突き詰めていえば歪曲を意味していることを。そしてまた、第四の段階にまで進む者にとって、世界の出来事の連関を描く数多くの概念は、具体的で歴史的な直観による補完を必要とする、まったく不十分な基礎にもとづいて形成されていることを。さらにまた、この第四の段階で学習者が習得するものは出来合の形式にすぎず、後になって行う探究活動が初めて十分な内容をそれに与えることができるのだということを。さらに、〔抽象的な〕概念を用いて現代を理解しようと試みる者が、学習者と第一の段階との直接の関係をどのように考えているのか、に光が当てられるならば、認識される客体と認識する主体の間のはなはだしい不釣り合いが学習者に暴露されるだろう。その時には、この不釣り合いが人間と人間の集団との相互の関わりにどれほど深い影響をもたらすのかが、現代における生の周知の経験に即して容易に説明されるだろう。

例えば、「ロシア民族」という概念が自らにとってどのような内容をもつのか、と問われた生徒は、その内容の乏しさを自ら認めざるをえないことに気づき、場合によってはさらに、すぐに思い浮かべるあれこれの特徴がどれほど偶然のものにすぎないか、ということも思い出すだろう。例えば、何年もロシアを旅している人にとって、その概念はどのような内容をもつのだろうか？　この概念の内容は現実とどのように関係するのだろうか？　この概念は現実にかなり近い。けれども、賢明な専門家の概念でさえ、生の豊かさを覆い尽くすことはできない。そのような包括的な概念は、現実をある程度単純化することなしには成り立たない。どのような性格が認識の像に合致するのだろうか？「典型的」な性格である。観察する素材が少なければ少ないほど、観察者はどのような危険に脅かされるのだろうか？　**性急な一般化**という危険である。この筆舌に尽くしがたい破滅的な悪が、巨大な歴史的集団の行動を共同決定する像をどれほど歪めるのか、現代はそれをこの上ない規模で教えてくれている。

学習者は歴史的認識の応用のみならず批判へも導かれなければならないという考えに対しては、異論が向けられるだろう。その異論の基本的な方向性は容易に見通すことができる。次のような意見が出るだろう。ひとつの抽象化の手続きの悪化を、別のより高度な抽象という治療薬で撲滅しようとするのは矛盾している、と。また、歴史的認識の批判へと導くことによって、生徒の思考はあまりにも早く、自然にかなった思考の発達の過程を無視するような問題設定へと向けられてしまう、と。最後には次のような意見が出るだろう。そもそも生を観察できると考える素朴な無邪気さは早々に打ち破られるだろう、と。これらの意見は次のように論駁できる。歴史の抽象化が危険である理由は、それが具体的な生の豊かさに対して距離を取りすぎているいる点にある。その豊かな生のうち認識する精神が把捉できるのはごく一部にすぎない。本稿が支持する認識論的な反省の確実性は、上のような疑念を前に揺らぐことはない。認識する精神は、抽象化すべき素材を、そもそも歴史的な思考の過程を自ら歩んできた精神のなかに見出すのである。このような見方へと生徒を導くことは生徒の精神的発達に先回りしすぎていると主張する者は、次のことを見過ごしている。認識する精神に要求を突きつける生は、生徒の発達にはるかに容赦なく先回りしていることを。また、教育の課題は、そのようにして生じる〔現実の生と生徒の発達との〕不釣り合い――それが生じることを教育は防ぐことができない――の有害な影響を、少なくとも可能な限り早く取り除くことに限られるのだということを。しかしこの期に及んでもなお、そのような形で養成された自己批判の精神は、若者の精神がもつ無邪気で楽天的な自信を萎えさせてしまう、と反論する者がいるが、そうした者には今日の生の経験が答えを与えてくれるだろう。すなわち、決して自信を失うことのないお手軽で表面的な思考以上に、あるいはすべての理解やあらゆる場面での判断をこの上なく貧弱な知識の断片で正当化できると信じている表面的な思考以上に、日常的に広まっている思考があるだろうか？自らの思考が本質を把握することができない時に専門家に意見を求める良心に満ちた謙虚さ以上に、あるいは事実が私たちの概念に合わせるのではなく私たちの概念が事実に合わせなければならないのだということを決して忘れることのない、生の現実に対する尊敬以上に、見つけ出すことが難しくなっているものがあるだろうか？　実際、ますます消えつつある認識と誤認との間の境界線を一般の人々の意識に再び見えるようにすることを目標とする教育は、学校に貢献するのみならず、生にも貢献するのである。外交や内政の問題、社会的、経済的な生の問題、文化や世界観の問題において人々や党派や集団を引き裂く、しぶとく生き長らえる誤解が、自らをまさしく歴史的な理解だと誤認する妄想にどれほど多く由来することか――このことをいったん認識した以上、この思考の誤りと戦うことが重要である。しかも説教によってではなく――というのは、説教はたいてい目に見える影響しかもたらさないから――悪の最終的な根拠を究明することによって。しかしこれが可能になるのは、無反省に始められた教育の過程を批判的思考の光で照らし出し、それを通して獲得された自己認識を生の実践に導き入れようとする道徳的な意志を呼び覚ます場合に限られるのである。

原注1　ここで問題となっているのは心理学的な帰納ではなく構造論的な分析である。このことは、前書きで挙げた拙著〔『認識と生』（一九二三年）、および『個人と共同体』（一九二四年）〕のなかで示している。

原注2　これについては、トレルチ「キリスト教の本質とは何か」（Ernst Troeltsch : Was heisst Wesen des Christentums? In : Gesammelte Schriften, Bd.II）を参照。この論考は、多くの歴史理解が今なお歴史的現実の「客観的な」模写と見なしている諸概念について、きわめて啓発的な分析を行っている。拙著『科学、教育、世界観』（Th. Litt : Wissenschaft, Bildung, Weltanschauung. Leipzig 1928）、およびそこで挙げている文献も参照のこと。

原注3　この点について補論一「歴史の授業と言語の授業」では別の観点から論じている。

原注4　これと同じ方向を目指して、現代の作者による歴史的作品の講読が行われており、多くの人が推奨しているが、私はここで述べた理由からその成果を約束することができない。その講読は多くの有意義な精神の欲求を満足させるかもしれないが、歴史的な思考の育成という観点から見る限り、加工済みの教材を、認識の生産的な力を駆動させることなく何度も繰り返し与えるだけである。この点についても補論一「歴史の授業と言語の授業」を参照されたい。

原注5　改革を推進する者のなかには、この上なく複雑に入り組んだ歴史的現象こそ歴史的思考を発達させる手段にふさわしいと見なす者もいるが、それは本論で述べたように考えることでのみ説明できる。これについてひとつだけ例を挙げよう。歴史的な人物の特定の行為を生徒に理解させることができる、すなわちその人物の動機へと遡らせることができる、という考えが幾度となく表明されている。ある具体的な個別事例に限定するならば、その課題を解決することは一見するとそれほ

ど難しいようには見えないのだが、実際にはその基礎として次のような要素が必要となる。（1）問われている行為に影響を与えた全体の状況についての知識。——もっとも、伝承を手がかりにその状況を確認できることが条件となる。（2）参照しうるあらゆる表れから得られる、問われている人物の本質についての知識。（3）事象の全体を織り込んだ、時間全体を動かすイメージの世界と感覚の世界についての知識。これらの要素を総合することで、問われている行為を仮説的に理解することが可能となる。これらの要素が一部でも欠けていると、理解の試みは際限のない空想へと転落してしまう。

「文化科」の旗印のもと、さらに著しく行き過ぎた実践が現れている。これに対する批判については、拙著『教育学の可能性と限界』（Th. Litt: Möglichkeiten und Grenzen der Pädagogik. Leipzig 1926, S.132.）を参照されたい。

原注6　文献学を「認識された事柄を再認識する営み」と特徴づけるとすれば、それによって認識される客体と認識する主体の近さが幸運な形で示されている。カウアー「文献学の世界観」（Paul Cauer : Über philologische Weltanschauung. In : Aus Beruf und Leben. Berlin 1912. S.13.）を参照。

原注7　これについては補論一「歴史の授業と言語の授業」で詳しく説明している。——ここで述べていることは、ある程度まで母語とその作品の関係にも当てはまる。ただそこには、未知の言語形式と思考形式にこれから馴れ親しんでいくという、まさに「理解」にとって有意義な要素が欠けている。

原注8　このことをスクッチは『現代の文化』第I部第八節「ラテン語」（Franz Skutsch : Die lateinische Sprache. In : Die Kultur der Gegenwart. Die griechische und lateinische Literatur und Sprache. Berlin, Leipzig

1905, S.412-451.）のなかで見事に証明している。最近では「文化科」の動きが、外国語の授業がもつこの側面により多くの注意を払っている。もっとも、注5で言及した行き過ぎに陥ることを回避できているわけではない。

原注9　さらに言えば、外国語の授業で課される課題の事例も、古典語から取られている。この理由のひとつには、古典語の場合、著者は自らの知識をもとに物事を判断しているという事情がある。――これについては補論二「理解の技術について」も参照。

原注10　「ドイツ民族」のような、明らかに不可欠の概念は、当初はある程度自明なものとして発達途上の精神に手渡される。ある時点からは、その概念に含まれる内容は〔実際には〕多様な形で結びついた要素が織りなす無数の問題であることが、成熟した思考から見ると身近に推察できるようになる。

原注11　数学の授業もまた、例えば一次方程式を指導すると同時に微分法の解答の出し方を実演して見せなければならないような場合には、これと同じ立場に置かれるかもしれない。数学の授業では認識の対象の性質によって除外され、内的な欲求によって自ずから理解されることもないものが、歴史の授業では歴史的な概念形成の特殊性によって可能にされ、生の要求によって強制されるのである。

原注12　「労作教授」の思想を狂信する者の多くは、私が思うには、この点からみて重大な過ちをおかしている。例えば、バロックの「本質的形態」からドイツ人の「心性の構造」に至るまで――すべてが「作業を通じて学べる」わけではないのだ！

訳注1　本論文は、Theodor Litt: Das historische Verstehen der Gegenwart. In: ders.: Geschichte und Leben. Probleme und Ziele kulturwissenschaftlicher Bildung. 3. verbesserte Auflage. Leipzig und Berlin (B. G. Teubner) 1930, S.1-37を訳出したものである。本論文が収められている『歴史と生』の初版は、第一次世界大戦終結の年である一九一八年に、第二版は一九二五年に、第三版は一九三〇年に、それぞれ刊行されている。初版の副題は「歴史の授業と言語の授業をめぐる教育課題について」であるが、第二版以降は「文化学的な教育の課題と目標」に改められている。また、初版では全体としてより理論的、方法論的な内容が多く盛り込まれていたのに対し、第二版以降はより実践的、教育学的な性格が強まっている。リットが第二版の「まえがき」で述べているところによれば、その大きな理由は、別著『認識と生』（一九二三年）および『個人と共同体』（一九二四年）において歴史哲学や哲学的社会学をめぐる方法論的な考察が深められたため、本書の当該箇所が削除ないしは差し替えられたことによる。本論文に関しては、主題目や各節の標題は初版では次のとおりであった（第二版以降は本書に訳出したものへと変更されている）。

「歴史の理解」　一．歴史の概念　二．偽りの歴史の概念　三．歴史を把握するための教育
　　　　　　　四．歴史的な自己批判への教育

本論文の内容に関しては、第二版では第一節が大幅に書き換えられ、第二節も三分の一近くの分量が改稿されている。第三節、第四節にはほとんど手が加えられていない。第二版と第三版では、

細かな文章表現上の書き換えが各所に施されている以外は、標題、内容ともに同じである。
なお、初版には補論として「歴史の授業と言語の授業」が収められ、第二版以降では「理解の技術について」が追加されている。「歴史の授業と言語の授業」では、その二種類の授業がともに生徒の知識獲得ではなく認識育成を目的とする点で共通していること、歴史の授業は歴史認識を内容面で育成する（生の個別事例から歴史の全体像を構成する作用を訓練する）のに対して、言語（古典語）の授業は歴史認識を形式面で育成する（ある歴史的な状況に置かれた著者の思考とそれが言語的、文化共同体的に表現される過程を追構成する）ものであり、両者は相互補完的関係にあることが説かれている。また、「理解の技術について」では、道徳性の育成よりもむしろ思考の育成こそが同時代の重要な教育課題であり、理解する者と理解の対象との間の距離、とりわけ外国語（古典語）との間の距離によって、理解する者の思考や感情が拡大され、生の再認識と再構成が可能になると説かれている。

訳注2　本論文（ならびに本書に訳出した他の論文）では、ほとんどの場合、ドイツ語の“Leben《レーベン》”に「生」という生硬で抽象的な訳語を当てている。英語では“life《ライフ》”に相当し、「生命」「生活」「人生」「生涯」などの含意をもつ語である。

訳注3　第二帝政末期からワイマール共和国成立にかけての時期、ドイツでは、ドイツ的な精神文化を中心として国家の再建を図るべきとする気運が支配的となり、その重要な役割が学校教育、なかでも歴史教育に期待された。

訳注4　ニーチェ『反時代的考察』第二篇「生に対する歴史の功罪」のなかの一節。

訳注5　ここでは四年制の基礎学校に接続する九年制の中等教育学校（そのなかでも特に上級の六学

年）を指す。第二帝政期以降、ドイツには中等教育学校として、古典文化の教授に重点を置く「ギムナジウム」、現代西欧文化の教授に重点を置く「実科ギムナジウム」、自然科学の教授に重点を置く「高等実科学校」が存在した。この伝統的な三形態に加えて、ワイマール期には新たな中等教育学校として、ドイツ文化の教授に重点を置く「ドイツ高等学校」が新設された。いずれの学校種においても、週の授業時数の約三分の一は、ドイツ的な精神文化を教授する「文化科」関連教科としての哲学、宗教、歴史、地理、ドイツ語に当てられた。本論文においてリットがもっぱら念頭に置いているのは、ギムナジウムにおける歴史教育ならびに言語（古典語）教育である。また、ワイマール期の教育改革の一環として、H・ガウディヒ（Hugo Gaudig, 1860-1923）らの構想にもとづいて、授業に労働や作業の要素を盛り込み生徒の自己活動を促す「労作教授」という方法原理が導入されたが、リットは生徒の認識を育成するには不十分な方法であるとしてこれに反対した（リットによる原注12も参照）。

訳注6　凡例にも記したとおり、本書のここから四六頁まで、および五一～五五頁、五六～五七ページの三箇所の文章は、原著のいずれの版においてもひとまわり小さな文字で印刷されている。そのうち、ここから四六ページまでは、歴史的思考の育成に有用な言語の教育について補足的に述べられている。また第二、第三の箇所では、歴史的な自己批判の能力を育成する上で理解しておくべき、歴史的な現実と概念との関係が述べられている。

訳注7　九年制ギムナジウムの下級の三学年を指す。

II 歴史と責任

――「ドイツを民主的に刷新するための文化連盟」ライプチヒ支部の設立にあたって行われた講演（訳注1）

ある国民が、自らの国家的、社会的、経済的なあり方をまったく新しく基礎づけることが最大の課題であるような状況に置かれた場合には、この課題にどの点から取り組むべきかを問うのがよい。当然ながら、それには多くの可能性がある。国民共同体に一定の形式を刻み、秩序を確立することだけが重要である、そうすれば全体の望ましい状態がこの形式や秩序とともに自ずから確立される、という見解がある。他方で、その秩序は、たとえこの上なく十分に考え抜かれまた明確に決断されるとしても、自らの**内面**のなかに、自らの精神的空間のなかに正しい秩序を確立することを理解する、生ける人間によってそれが担われる場合にのみ、期待される救済の効果を発揮しうるという見解もある。自由のうちに自己を統治しうる国民こそ私たちが念頭に思い浮かべる目標だとみなす場合、ある人は、特定の国家の形式を導入しさえすれば自由にとって必要なことはすべて成し遂げられると考える。別の人は、いかなる国民にとっても自由は特定の体制の承認をもって完全に手に入るようなものではなく、むしろ、すべての外的な自由は、内面の、個人としての自由の精神が市民の心のなかにその住処を作る場合にのみ保障され、予定された効果を持ちうる、と確信する。「身体を作るものは精神である」(訳注2)——これは、そう確信する人々が新しい構築の作業に取りかかる際に掲げる標語である。

もちろん、そのように国家を形成する人々の心のあり方のなかに私たちが直面する課題の本質を見る場合には、まさに私たちの課題に関わる非常な困難が生じる。というのは、内面に目を向けることで、私たちの眼差しは破壊の像を見ることになるからである。それは、ドイツの都市を歩く時に私たちの外的な眼差しが目にする像に劣らないほど戦慄を覚えさせる像である。また、この内面においては、ただ最後の力を集中し高めて取り組まれる整理の作業も行われる必要がある。私たちドイツ国民のそのような精神の混乱は、私たちの歴史に——遺憾ながら——数多くみられる大きな危機から生じて、現在のように私たちを呪縛しているのではない。

また、私たちが戦争という運命に苦しめられ、その言語に絶する混乱と悲惨が精神の土台を揺り動かしてきたためだけではない。それは、私たちドイツ国民が「第三帝国」の権力者によって従属させられてきた精神操作の結果としても説明される。この帝国の政府は、あたかも政府が国民にその共同存在の価値の一覧を新しく示してくれるかのような偽りの姿を抱かせることを課題とした。その政府は、私たちの種が生まれつき持っているあらゆる徳の立て直しを企図した。実際には、政府は、その福音によって破壊的な情熱を増幅させ、殺人をも厭わない憎悪の行動へと導いたのだった。ドイツの顔のおぞましい歪みは隠され、外部に向けてはドイツの本質の刷新として示された。このまやかしはあまりに広く信じられたので、私たちドイツ国民の大部分は、実際にはかつてないほど貧しくなったにも関わらず、あたかも新しい内面的な豊かさを持つに至ったかのような観念のなかで落ち着きを保つことができた。私たちドイツ国民は、新しい美しい姿の高みに到達したと思ったが、外面上の完璧さの覆いの下では破滅の力がとてつもない活動を行った。私たちドイツ国民の精神的な混乱を治療の困難な病にしているのは、ほかならぬこの欺瞞である。というのも、周知のとおり、救うのがもっとも難しいのは、自分は健康だと強く主張する病人だからである。

この病の物語の記録を最後まで正しく判断することができないとすれば、本当はそれにこしたことはないのかもしれない。その物語に関わることで、不要な労力の浪費や神経を消耗する自己欺瞞に陥っている人は少なくない。今や、眼差しを前方に、解決が急がれる私たちの課題に向けるべきであり、後ろ向きに、もはや修正できないものに向けるべきではない――彼らはこう語る。しかしまさに一方を他方と切り離すことで、彼らは誤るのである。与えられた課題に対して私たちの準備が整うのは、私たちが精神的に健康である場合に限られ、精神的な健康は、生じたことに対する、賛美的でも抑圧的でもないような釈明なしには私たちに与えられない。ほかの場合と同様、ここでも治療と診断は切り離せない。それゆえ私たちには次の問いを避けることは許されない。第三帝国の誤った教えがこれほど広く頭を鈍らせ心を混乱させることができた以上、この種が撒かれた大地には、自らに委ねられた事柄を受け入れる何らかの備えがあったに違いないのではないか？　「第三帝国」の政府が精神を支配することができた端緒や手がかりはどこにあるのだろうか？

ここは、この問いに対する十分な解答を得ようとする時に視野に入れなければならない国家的、社会的、経済的な生の絡まりに立ち入る場ではない。また、この原因究明に関連して持ち出される「…主義」の軍勢を行進させることも私の課題ではない。むしろ、国家社会主義のプロパガンダの指示に対して私たちドイツ国民が致命的な仕方で際立たせたある種の**理念の力**に目を向けることで、今日の晴れの時をもっとも意義深いものにしたい。というのも、人間を完全な自己犠牲に追い込むような理念もあるからである。また、ほかならぬ「文化連盟」を名乗る団体は、時代をもっとも強く左右すると感じるほどの理念の精査と検証に、本質的な課題を見出すべきだと私には思われるからである。この内面の暴力から発せられるこの上なく両義的な影響力以上に、探究されるべき事柄はほかにない。

フランスのモラリストの、「誰でもその徳に誤りがある」という古い箴言は、「大文字の人間」、歴史の集合的な主体、すなわち**国民**にも当てはまる。まさしく国民を手がかりにして、人間がいかにしばしば、自らの徳に関して何も逸しないよう熱心に、細心の注意をもって徳の誤りを正してきたかを、特に明確に探究することができる。私たちドイツ人は、私たちの「**歴史感覚**」を誇りにしている。実際、歴史的世界の解明に関してドイツ人の精神が重要な役割を果たしており、その限りでその誇りは十分に理由のあることである。たしかに、ヘルダーやヘーゲルやランケのような人物が行いえた程度に、歴史が広く視野に収められ、深く捉えられることはまれである。しかし私たちはともかく歴史という分野に精通していると感じることが許されているので、そうした私たちの専門的な知見を可能な限り多くの箇所で、また可能な限り強調して引き合いに出すことも当然である。私たちはまた、人間と慣習、行為と変遷、戦争と平和の歴史から多くを学んでいるので、私たち自身の生の視界には、何らかの示唆を与えてくれる歴史的な類似例を差し出せないようなものは何も生じない。私たちにとってはすべてが「すでに生じた」ものである。同じように、たった今生じている事柄もすでにしかるべき場所に位置づけられ、いわば葬られる。心が不安にさせられることはもはやない。こうして、無防備な心を揺り動かすような出来事も、祝別され歴史のなかに収められた事柄を持ち出しては、怜悧に肩をすくめながら理解されるようになる。他人が分別を失うような場合には、安心させる口調で次のように言うことになる。「歴史による証明に従えば、一体それ以外の何が期待できたと言うのか？　世界の必然的で不可避の流れに属する事柄について、なぜ気を揉む必要があるのか！」

このいわゆる歴史的な見方が、私たちの眼前で生じている事柄の観照的な説明以上のものでない場合には、その見方にさらに関わり合うことには理由がないだろう。しかしその見方はそれ以上のものである。その見方は人間が、すなわち歴史のなかにある**行為者**が、物事の流れに対して非常にしばしば取る態度を規定する。ないしは少なくとも規定するもののひとつである。その見方の働きは、「第三帝国」の権力者がその思考と方法で最初の試験を行った時に私たちの多くがどのような態度を取ったかを思い出せば、明らかとなる。当時、多くの人が恥辱と幻滅を感じながら心を震わせた行為がなされた時、歴史の専門家の口からは次のような慰めの言葉が聞かれた。「革命は艶やかな手袋をはめていては成し遂げられないのだ」、「カンナできれいに削られる時には屑が飛ぶものだ」、「歴史とは感傷的なものではないのだ」。このように語った者は、歴史的な知識を最良のものに活かすことを意図していたのではなかった。ほとんどの場合、彼らにとってはとりわけ、歴史に語らせることで、不正な迫害や不当な災難の光景がすぐに引き起こす精神的な激昂から自身を守ることが重要なのだった。「ともかくこのようになっている事柄を、なぜ難しく受け止める必要があるのか！」加えて、このような自己慰撫にはさらなる利点が結びつけられる。すなわち人は、歴史の語りによって、人を助ける義務を免除されると感じるのである。もちろん、私たちの内面には私たちに呼びかけるひとつの声がある。「何もせずに見ていてはならない。暴力を止め、踏み躙られている無実の人を助けなければならない！」これらの耳の痛い警告は、次のような反論によってもっとも効果的に沈黙させられるであろう。「私は冷徹な歴史の流れをあえて曲げようと望むべきなのか？」もっとも、この異議申し立てが説得力を持たない場合、歴史はさらなる慰めを準備している。すなわち歴史は、当初非常に粗暴で暴力的であった運動が時の流れとともに自ら抑制と節度を持つようになることがいかに多いかを示すのである。「それゆえ安心してこの革命の初期の不十分さをそのままにしておくがよい！　革命に抵抗しようとすれば、革命にわずかにしか役立たない激しい経験が引き起こされ、そのため今後の格段に望ましい発展は早々に妨げられるだろう」。

これらの、あるいはこの種の語りのなかに、**国民に固有の**「歴史的な」世界観の表れを見ることができる。しかし世界に対するこの見方は、そのような国民性という領域のなかから生じるのではない。その起源は、この種の日常の知恵においてはしばしばそうであるように、より厳密な思考という領域のなかにある。このことは、生じたことの理由づけと弁解において私たちが「**歴史の必然性**」という概念を持ち出す場合を考えれば納得される。現代の人々はこの言葉を簡単に口にするが、その背景には実に重要な意義を持つ世界観が存在している。さまざまな姿をとる個々人のなかで作用しつつ、あの概念に集約される表現を見出すのは、歴史哲学的な全体理解である。その全体理解が、あの概念を自信満々に口にする多くの人によって真剣に考え抜かれたことはほとんどない。けれどもそれは、今日なお多くの人に共感とともに抱かれている。以下ではこの理解の概要をできるだけ簡潔に解明してみよう。

歴史とは何千年にもわたって続く発展の連関である。その連関は、入れ替わりながら生じる種の行為と思慮を相互に結び合わせ、ひとつのまとまりにする。そのまとまりには、個々の歴史的共同体、国民、国家などが構成要素として組み入れられる。この全体は、それぞれ無関係な事実の無規則な連続ではない。その全体には意味ある秩序がある。この秩序は、証明可能な必然性をともなって順次続いていく一連の段階を全体の運動が通り抜ける、という仕方で生じる。そのようにして歴史は激しい生の流れのイメージを表す。それはあたかも、そのなかで唯一の主体が途方もない規模でその内実を展開するかのようである。この発展の連関に組み入れられている人間の一人ひとりが固有の意志と行為を携えて歴史の流れの実現に関与していることを自覚しており、それゆえ**自己自身**のなかに、また自分と並んで置かれているものの全体のなかに、出来事の原動力を見るべきだと考えている。このような状況のために事態はやっかいになる。ある地点から次の地点への歴史の流れの方向性は、自らの行為で歴史を「作っている」人々の決断によって規定されているように個々人には見える。しかしこの印象は誤りである。たしかに歴史の現実はその流れのなかに組み入れられている人々の活動によってのみ作られ、その限りで、その人々の意志も歴史の構築にとって不可欠の要素である。しかし個々人が**何を**望み、また行うのかは、自らそう考えるのとは裏腹に、主観的な判断によってではなく、個々の行為者の思いを越えて、今まさに到達された発展の段階において全体の運動の次の一歩として生じるはずの事柄をつねに実現する、あの強力な作用によって規定されるのである。自分は十分な洞察をもって自分の活動の条件に働きかけているのだと、誰が自信をもって言えるだろうか？　そう言えるのは、あの指令を与える義務の内容と方法を信じて疑わず、その義務の指令どおりに行動する者だけである。そのような者は、「歴史の必然性」の体現者であるだけでなく、自らそのことを知ってもいる。彼は、この必然性がその実現を妨げるかもしれないような構想や試行とは関わり合わない。当然ながら、歴史の流れにおける「必然性」とみなされるあの力の本質をより詳しく規定しようとすれば、実にさまざまな意見が出る。それは「神」「自然」「理性」「理念」「精神」「社会」などと呼ばれる。また状況によっては単に「歴史」と呼ばれる。しかしこれらのさまざまな呼び名をまとめるものは、そこに共通する次のような確信、すなわち歴史的に重要な事柄に関して生じることは、個人の決断と行為に帰せられるのではなく、その決断と行為がそれに役立てられる超個人的な摂理の現れなのだ、という確信である。

このような歴史の決定論に関してここで私たちに特に問題となることは、次の問いのなかに表される。「ある歴史的に重要な状況が行為者に決断と行為を促すとすれば、上で述べたことのなかにその原理が示されている歴史の力への信仰は、その力に貫かれている行為者の**実際の行動**にどのような影響を及ぼすのだろうか？」　もし彼が理屈どおりに考えるなら、こう言うに違いない。「私の行動と無作為にとって、それはほとんど、あるいは基本的にはまったく問題ではない。私がどのように行動しようと、生じるべき事柄は変えられないものとして確定されており、現実となる。私の意志が発展の流れに一致するとすれば、その意志はただ私の行為がなくても生じる事柄を確認するだけである。一致しないとすれば、その意志は失敗を運命づけられているのだ」。歴史の必然性という観点から見るならば、私とは一体何者なのだろうか！この説明では、問いのなかで述べられている見方からそれ自体とは無関係の結論が導かれている、という異論もあるだろう。もっとも、そう考える者は、今日の人々が歴史的な運命の変更不可能性の本来の証人をその人のなかに見る歴史解釈者によって、考えを改めることになるだろう。その人物とは**オスヴァルト・シュペングラー**である。彼の著書からは、ナポレオンやゲーテのような人物が歴史のなかに存在せず、あるいは少なくとも時代から切り離されていたとしても、そのことは西洋の歴史の歩みにとってもっとも深いところでは何も本質的なことではない、という見解を読み取ることができる。ナポレオンがマレンゴの戦いで命を落としていたなら、ゲーテが若くして亡くなっていたら、歴史の過程のなかで両者に実際に割り当てられた役割を別の誰かが引き受けただろう。ましてや、これら歴史上の偉人が彼らの実際の歩みからそれることとなしに受け入れられるのだとしたら、彼らと同じ高みに達しなかった者は歴史への寄与をきわめて控えめに考えなければならない。しかしいずれにせよ、生じたことに対する責任を何らかの意味と範囲において彼に取らせようとする試みに対しては、彼は身を守ることになろう。彼の存在を限りなく越えた力を操るものに対して、彼はどのようにして責任を取るべきだというのか！　このような防御は、名もなく注目もされないまま自分に与えられた歴史の課題に取り組む無数の人々のためになるのみならず、歴史の舞台の前面で明るい光に照らされながら与えられた役割を果たす選ばれた人々をもかばう。もしその人々が「世界精神の担い手」として自分に割り当てられた歴史の課題を遂行する場合、その人々は道徳的判断の権限の及ばない行為に埋没させられているのである。歴史の天才が、この種は舞台から去り、別の種は世界支配に乗り出すべきだと指示するとすれば、この指示を妥協のない厳しさで実行することを何ら「道徳的」でない思慮からそのまま認める者は、批判よりもむしろ拍手に値することになる。

歴史の必然性に関してこれと同じイメージが人々の頭中に広まっていたことが、「第三帝国」の喧伝者にとってどれほど歓迎すべきことだったか、考えなければならない。そこでは、彼らに都合のよい記録を引き受けることだけを待ち望むような世界把握の図式が準備されていた。自分たちの行為のもっとも暗黒なものさえも歴史の天才によって正当化し、自分たちの選んだ「指導者」のなかに世界精神の全権者を祝うことが、彼らの実践した策略のなかでもっとも効果的なものだった。彼らがこの自己解釈によって支持を得ることに成功したとすれば、彼らは実に上述の歴史理解を支持する信奉者だと言えるのだった。プロパガンダを意図した虚言の家長が実にしばしば、また非常に熱心に「歴史の信仰」を勧めていたのには理由があったのだ。

「第三帝国」の権力者がそこから多くの利点を引き出すことを知っていた歴史理解についていは、現実の、歪曲されない歴史が判決を下している。歴史は、世界史上の事例に即しながら、次のことを明白に示している。すなわち、自らの歴史の道程の規定を世界理性の見かけ上の弁護人の手に握らせ、この道程を規定することは共同で責任を負うべき**道徳的**決断なのだということを忘れる国民が、どこに行き着かねばならないかを。歴史はまた次のことを示している。すなわち、自らの行為と無作為を活発で注意深い批判にさらすのではなく、自由な恣意に委ねるような国家運営が、どこに行き着かねばならないかを。この歴史の迷信に生じた誤り以上に重く償われるべき誤りはない。

では、歴史の必然性という概念には別れを告げるべきなのだろうか？　その概念が、歴史のなかで行為する者は自ら欲する事柄を無制限の自由のなかで行う（ないしは行わないでおく）ことはできず、世俗全体の発展の産物である自らの行為を一定の不可避の前提に結びつけて捉えるような状況につねに置かれている、ということ以上の内容を主張しようとするのでない限り、その概念は批判に耐える。しかしこの前提は、抗いがたい圧力をもって行為者を前に動かす現実の力ではない。その前提は、自立し自ら頼む行為者がそこで自分の道を探し自分の目標を設定しなければならない地平の、一般的な輪郭を規定するのみである。そのつど歴史の現実となる事柄に責任を持つのは、結局のところ出来事の経過のなかでまさに行為している人間の意志と行為にほかならないという事実に関しては、所与の条件のいかなる力であっても変えられない。状況とともに与えられている多義的な可能性のなかから決断を通して初めて一義的な現実を導き出し、最後まで確定されたものとして生じているように見える事柄のなかから、前もって規定できないある新しい形態を取り出すのは、まさに**人間**なのである。人間の意志は先行する必然性に拘束されたものというよりも、働きかけを通して新しい必然性を**作り出す**のである。

このような自由と必然性の相互に入り組んだ関係を思い浮かべるならば、ある国民の全体が、彼らから固有の判断の自覚、固有の責任への準備、固有の意志の決意を奪い、代わって歴史の知恵を信頼させるような世界理解に魅了される時、それが何を意味するかは明らかである。国民がそのように自己を放棄すること、このことは例えば、その国民が自らに説いて聞かせているように、個々人を超えた世界理性の役に立つのではない。世界精神のために同じく身を引くことを考えるのではなく、むしろ歴史のドグマに捕らわれない心情にとって当然の仕方で行動するような、つまり内側から動かされていると感じるままに自己の思い通りに意志し行為するような、**別種の人間**にのみ役立つのである。「歴史を信仰する者」が身を引く時、決定的なものとして当然「無信仰者」だけが残る。決断の全権を労せずして与えられる人物がこの全権の正しい利用を保障する主導力を持っていないとすれば、それは何と呪うべきことか。その人物が、低俗な欲望や破壊的な情熱にとは言わないまでも、自己中心的な目的にその全権を役立てるほど良心を欠いているとすれば、重ねて言おう、それは何と呪うべきことか。幻惑された多くの人から栄光ある歴史的な課題と称えられ美化されながら、彼らは苦もなく、自分たちの最悪の行為にさえ「必要な介入」、さらには「高く賞賛されるべき措置」というスタンプを押す。しかし「第三帝国」ではまさにそうだったのである。その指導者は、歴史的な課題の神聖さと歴史の信仰の義務という大事を語ったが、表面上は輝かしく見えるこの外見に守られながら、その権力欲に満ち破壊を好む心情がそれを目指して行う事柄だけが生じるよう、最大限腐心していたのである。最初は試みになされた暴力が、法や真理や道徳や人間性に対する前代未聞の侵害へと、あれほどの早さで拡大したのはなぜか？　それは、権力を握った邪悪な精神がまともな抵抗に遭わず、いとも簡単に他人を妨害したからである。この歯止めを外すことに、歴史の信仰は大きな役割を果たした。「初期の軽症」が一夜にして重篤な致命傷になったのは、少なくとも、その病気を甘く診断し、その拡大を食い止め得たはずの抵抗力を弱めた、歴史に精通した人の仕業ではない。むしろ彼らがその知識を活かし、より回復へと向かわせる別の認識を示してくれていればよかったのだが。きわめて激烈で暴力的に始まった運動が次第により穏やかな軌道へと導かれるといったことが実際非常にしばしばみられたが、それは、過激さを自ずから鎮圧し支配への規律をもたらす、より上位にある全体理性の働きではなかった。それはつねに、特定の人間の内部で生じ、特定の人間によって促される「**意志の転換**」によって引き起こされたのであり、それが暴力の狼藉にひとつの目標を与え、理性や正義や人間性の偽りの名声を再び高めたのである。人間の意志が取り逃がしたものは、人間の意志によってしか取り戻すことができない。その意志が、麻痺させるような教義によって自己疎外へと説得される場合には、いかなる上位の秩序の力もその意志を手助けすることはない。

「第三帝国」の指導者はその支配を、外的な強制によってのみならず国民の精神に「世界観の」基礎を植え付けるという仕方で確実なものにしようと、かつてなかったほど強く目指すことによって――またその指導者は、この目的にわずかでも何らかの点で役立つように見える事柄のすべてを計画的に、目に見える成果とともに動員し、必要に応じて手を加えながら用いることによって、実際の世界史の事例に関してしばしば見逃されるひとつの事実に目を向けさせてくれた。すなわち、人間が自分自身や自らの存在の条件や自らの行動の可能性を見るその見方は、責任を負うべき生の実践にとっての単なる理論的な伴奏であるにとどまらず、彼の行動の内容と方向性に基準を与え、ともに規定するものだという事実にである。つまり、人は自分が見ている仕方と同じように行動するのだ。言い換えれば、実に「理念」もまた歴史の発展の過程の駆動力となるのである。ここで考察した事例では、理念は否定的な仕方で、つまり物事の状況に応じて可能な行為を、あるいはむしろ必要な行為を発展へと結びつけないような仕方で、作用していた。喧伝者の精神操作が目指したものは両義的である。彼らが作動させようと考えていた「世界観」に関わる動機は、一面では望ましい力の発揮を最大限促す――しかし他方では、望ましくない、それどころか逆方向に作用する力の発揮をもすでに胚胎している。そして、上で示したように、喧伝者たちはこのことに徹底的に注意を払ってきた。彼らは歴史哲学的な教義を穏やかに語ることで道徳的良心の抵抗を沈黙させ、侮辱を感じる法感情が起きるのを押さえ込んだのである。

以上のきわめて印象深い例から、人間は**自由**と名づけられるあの最高善を享受する際、国家や社会の諸状況といった外的な力に押されることによってのみならず、人間がその内面に監督している精神的な暴力によっても、弱められ邪魔されうるということが示される。しかしもしそうであれば、自らのなかから本当に自由な人間を作るには、国家的―社会的な秩序の転換だけでは不十分だということも確かである。人間がその内面において自分自身を欺くそのような観念の犠牲者であるとすれば、外的な自由は人間に、その内面の不自由を明るみに出す機会と舞台を与えるだけである。そしてある国民が長い間、外的な存在構築の自由とともに内面での意志形成の自由をその国民から奪うようなシステムの指示のもとに置かれていたとすれば、政治的状態を新しく形成することに劣らず必要なのは、人間の内面を根本的に転換することにほかならない。どちらか一方が欠けても、空疎な仮象となる。このことは、人間を魅了して、人間に与えられている意志決定の全権の意識、およびそのなかにある不可欠の責任の意識をぐらつかせるような、あらゆる誤った理念と決別することを意味する。自立した**人格**であるという点に存在する卓越さの重圧と喜びを、人間は再び学ばねばならない。それゆえ、まさに「文化」に信頼を置く団体の名のもとに集まった私たちは、明確に次のように表明しなければならない。外的な自由がそれによって同時に、正反対のものに変えられないまでも、価値を低減されないような、内面の自由の損害など存在しないのだ、と。人間にとって政治的な自由は、彼が内面において自由な人間である場合に限って至福となりうる。なぜなら人間はその場合にのみ、国家体制が人間に提供し保障する領域において、つまずきや転落の危険なしに活動できるからである。

幸い私たちドイツ人は、その逆もまた誤りだと言うことができる——すなわち、内面の自由が外的な自由によって補完される必要はないのと同様、外的な自由のために内面の自由が制約される必要はないのだ、と。なぜなら私たちは、外的な自由を長い間きわめて限定された範囲で享受することを許されてきたので、内面の自由も同じように制限された形でのみ割り当てられていると考えるかもしれないからである。世界における、また民族共同体に対する私たちの位置に関して言えば、最後の力までも振り絞ることを求めた戦争の終結とともに、国民としての私たちは、自由の影さえ認められない立場に置かれている。私たちが行うべきこと、行ってはならないことは、戦勝国の命令によって一方的に指示される。意志から力を奪う「歴史の必然性」を信じることは肯定されてよいのかと問われるならば、私たちドイツ国民の運命の道程の現時点においては、その答えはまったく明白である。それゆえ、私たちがそこに置かれているることを認めざるをえない外的な自由の逸失は、必然的に内面の自由の犠牲を伴うのかという問い――一般的に言えば、奴隷の仕事を強制される者は自らのうちに奴隷の心をも起こさざるをえないのかという問いは、ドイツ国民の命脈に関わる問いとなる。この問いへの答え――熟慮と並んで**態度**によって初めて与えられる答え――を探すことによって、私たちは、「歴史の必然性」の力が明らかにその限界に達したことを示す地点へと導かれる。すべての外的な行動の可能性が禁止されているところでさえ、また人間の内面の自由を主張することのできる外的な生の空間がすべて塞がれているところでさえ、この善を破壊することの不可能について、反駁しえない証明が提出されるのである！

しかし、私たちが日々否応なく感じているとおり、生がそれほどまでに狭められ締めつけられているところでは、自立的な意志が活動できる自由な領域などそもそも存在するのだろうか？　私たちが引き起こしていることはすべて、別の意志が私たちに指示した命令を単に実行しているだけなのではないのか？　この問いに対する異論は、私たちから発する行為に注目するか、それともこの行為を方向づける心情に注目するかによって、異なるに違いない。もちろん、私たちの行為がどのような**働き**へと向けられねばならないかは、私たちにのしかかる必然性の強制力によって予め避け難く指示されている。私たちは、勝者の指令が私たちに要求する事柄を、私たちのなかから生み出さねばならないと同時に、私たちの存在の基礎を新しく作り出さなければならない。この義務についてはわずかなりとも減らすことはできない。しかし、私たちがいかなる態度で、いかなる動機からこの働きをなしうるのか、私たちがいかなる精神からそもそも歴史の運命の呼びかけに答えるのかは、この必然性によって同時に決定されるわけではない。要求が避けられないことによって実現の精神もまた一義的に規定され、呼びかけが非情であることによって答えの内容もまた一義的に規定されると、あえて考えてみよ！　人は、波のように押し寄せる耐えがたい事柄に対し、実にさまざまな態度で出会うことができる。人は、鈍い感覚やおぼろげな疑いのなかで消沈することができ、また頑固な抵抗のなかで冷酷になり、運命は私たちに、まさに私たちに、言い表しえない困難を背負わせていると、無力な怒りのなかで運命を恨むことができる。しかし人はまた、私たちが直面する試練のなかに、救いのない混乱に巻き込まれた国民が——自己の真なる本質の隠された起源への帰路を見出し、再び誇ることのできる形態へと自らを新しく形成していくために——切り抜けなければならない試験を認める。さらに人は、過度な要求を課された精神を簡単に曇らせてしまう怒りを、それに劣らず抑圧された国民集団に向けることもでき、私たちに残されている人生の財産のわずかな残りをめぐって悪意に満ちたねたみとともに互いに争うこともでき、そのような実りのない口論を通して存在をさらに不快にすることもできる。しかし人はまた、耐えねばならない災難の積み重ねを、親身の助け合いの精神においてますます固く結束することへの要求として理解することもでき、それによって、まるで鉄の鎖のように私たちを囲んでいる困窮のなかから、まさにひとつの国民を束ねてきた和合のもっとも固い絆を鍛えて作り出すこともできる。どのような場合であれ、「必然性」は同一であり続ける。しかしそれは、頑固な抵抗とともに迎えられるか、雄々しい泰然さとともに迎えられるかに応じて、いかに異なる形で受け止められ克服されることだろうか！　運命に直面して気落ちするか強くなるかを決定するのは、つねに意志である。精神の腐敗への道と内面の健全さへの道のどちらに歩み出すかを左右するのは、意志である。この「あれかこれか」は、必然性を持ち出すことによっては回避されえないのである。

さらに、こうして要求される意志の決断は、実際、明らかに広く影響を及ぼしている者だけが下すことができ、またそれに責任を感じてかまわないような性格のものではない。意志の決断には誰もがそれぞれの立場で応分の関わりを持つ。その決断は、生の状況の見通しがたい変化のなかで、つねに新しく下されなければならない。影響の範囲は限定されておらず、また遠い彼方にあるわけでもない。それゆえ、その範囲の中心に立つ者でなくとも、雰囲気の浄化や緊張した心情の緩和や苦悩の収束に寄与できる。内面の自由はその福音の力をいたるところで展開することができる。そしてこの意志は、あらゆる外的な支障にも増して再建の妨げとなっている陰鬱や堕落や分裂をもたらすものすべてを支配することに成功する場合に、まさしく「自由」を名乗ってかまわないのである。

私たちがこの内面の自由を所有するのを妨げるような「歴史の必然性」など存在しないことを祝福しよう！　もし私たちが自らを守り続けたいのならば、私たちはその自由で自らを支えなければならない。より幸運な、より転落の少ない歴史のおかげで、とりわけ政治的な立場の確立のなかに自由を見出す可能性を認められるような国民に比べれば、私たちにはうまく事が運ばない。私たちの自由の保障は、精神が自らその譲渡しえない所有物から築き上げる内面の王国のなかにのみ見出されうる。その内面の王国のなかにどのような論難にも揺るがない基礎を見出すのか、それとも圧倒的な運命の流れに支えのないまま身を任せるのか、それは私たち次第である。

ここに至って私たちは再び考察の出発点に戻った。再建の作業は、それが外的な形態の転換以上のものであるとすれば、どの立場から着手されるべきか、この問いに対する答えを私たちは得た。単に体制に応じた形態を作り直すだけでは不十分である。私たちに必要なのは、政治的な生や行為のもとになる、心の転換なのである。連盟の旗には「民主的な刷新」の文字が読める。このスローガンが単なる美辞麗句以上のものになるのは、それが人間の内面の自由、すなわち特定の体制によって与えられるのではなく、どのような国家共同体の構造のなかでも新たに生み出されるような内面の自由への決意表明として理解される場合に限られる。それは、同じく人間の顔を持つ他人にも認めることなしには、自分自身に要求することのできない自由である。私たちは、この自由の精神によって貫かれた政治的共同生活の形式を作り上げよう。その場合に限って、私たちは、「民主的な刷新」という言葉に込められた約束を実現することができるのである。私たちは、その作業に早く取りかかろう。そうすれば、「民主主義」という言葉はかつての不自由への単なる新しい名前以上のものになるだろう。私たちはそのために行動しよう、そしてこの自由の精神の住み家となる家屋をドイツ国民のために作ろうではないか！

訳注1 本論は、Theodor Litt: Geschichte und Verantwortung. Ein Vortrag, gehalten bei der Eröffnung der Leipziger Ortsgruppe des Kulturbundes zur demokratischen Erneuerung Deutschlands. Wiesbaden (Dieterich'sche Verlagsbuchhandlung) 1947 という小冊子（全三二ページ）の翻訳である。「ドイツを民主的に刷新するための文化連盟」は、東ドイツの初代文化大臣も務めた詩人ヨハネス・ベッヒャー（Johannes R. Becher, 1891-1958）が中心となって一九四五年六月にベルリンで設立された、文化人や一般市民から

なる組織である。同年八月に開かれた設立集会では、E・シュプランガーも講演を行っている。その後各地に支部が作られた。設立当初は反ファシズム、超党派の立場で文化的、精神的な面からのドイツの民主的な再生を目指していたが、徐々に社会主義的な文化政策の下部組織へと性格を変えていった。ライプチヒ支部の設立集会は一九四五年秋に市の中心部にある会議場（Kongresshalle）で開かれた。

訳注2　シラー『ヴァレンシュタイン』第Ⅲ部のなかの一節。

III　歴史の意味と特殊な者としての自己（訳注1）

歴史の意味への問いが今日を生きる人類に、逆らいがたい力で迫ってくること、これは驚くべきことではない。同様に、この問いに対する答えが多くの場合否定的になることも、驚くにはあたらない。しかし私たちを襲う困窮や私たちを悩ます憂慮の理由の大部分は、その発生の時間的な次元とその影響の空間的な広さに鑑みて私たちが**歴史的**変革と呼ぶ、あの混乱にある――この洞察から目をそらすことはできない。そして、この混乱が人類に要求した犠牲と、はなはだ多くの苦しみを通して得られた収益との関係を問うならば、この営み全体の無意味さが今や際立って明らかに示されるように思われる。私たち人間は歴史に囚われており、いかなる形でもそこから抜け出すことはできない。私たちはそれを愉快に、ないしは不愉快に感じるにちがいない。けれども、歴史への囚われにひとつの意味を認めること――これに私たちは同意することはできない。

このように拒否的な態度をとる人間、この人間だけが、見過ごされやすいがしかし非常に重要な矛盾に巻き込まれる。歴史の意味への問いは、それに参加しない者、自らは歴史の外に立ち、目前で演じられる演劇を見るかのように歴史を見る者によっては立てられない。自らを観客の立場にあると考えるなら、私たちは自らを、人間の営みを上から見下ろす神に等しいものと見なすことになるだろう。そうではない――歴史の意味への問いを立てる私たち自身、歴史の流れのなかにある。そう、その意味を私たちが問うのは、私たち自身を包み、私たち自身を要求している出来事なのである。これこそが問いの切迫性の理由である。しかしさらに重要なのは、単に歴史に包まれていることを知っている存在がこの問いを立てているということにとどまらない――この問いについては、**この問い自体**にも歴史があり、歴史的に段階づけられた歩みのなかで初めて、今日私たちが目にするような明確な形をとったこともまた、確実なのである。私たちは、キリスト教によってはじめて原理的な形で示されて以来、歴史の意味に関する考察が次々にとってきた一連の姿を、苦労なく示すことができる。しかし、歴史の意味への問いそのものが、歴史の生成変化の過程において、またこの生成変化の印象や経験と証明可能な形で関連づけられながら明らかにされてきたとすれば——歴史が絶対的に無意味であるという主張はなお真剣に保持できるだろうか。歴史の意味への問いがそのなかから生まれた出来事全体、自らこの問いを駆り立て、避けて通れないようにした出来事全体が、いかなる意味ももたないことはありえない。歴史は絶対的に無意味だという主張を堅持するには、この問いをも無意味なものとして放棄しなければならないだろう。しかし、その問いからひとつの意味が、しかもきわめて重要な意味が私たちに訴えかけてくるという前提に立つ限り、私たちの心情を悩ませるかもしれないひとつの問いを、どうしてそのように取り扱うことができるというのだろうか?

したがって、私たちが自らを否認するつもりでないのならば、歴史の担い手が歴史の意味への問いをめぐって格闘していることが示される限り、少なくとも歴史にひとつの意味を認めなければならない。歴史の意味への問いに対して否定的に答える者も、問いと答えに何らかの価値を認める以上、この問いとこの問いを立てる者を、彼の弾劾の対象から除外しなければならない。しかし、一方では歴史の過程の全体から争う余地なく有意味であるような一片を切りとり、他方では意味への有意味な問いに否定的に答えることによって、残りの歴史全体を無意味だとする弾劾に服させるといったことはありうるだろうか? 歴史の過程全体を、歴史の意味が少なくともそこで問われる限り有意味な、消え入りそうなほど小さい地域と、この地域の側から無意味だとする判決が下される残りの巨大な歴史の本体とに分解できるだろうか？　しかしこのような二分割によって私たちは、すでに上で支持しがたいものとして拒否しなければならなかった考えに逆戻りしてしまうだろう。すなわち、一方で営みから取り出されてしまった観客と、他方でその目前で演じられる演劇というあの考えである！　しかし、人間が歴史の意味を問う動機となるのはただ運命だけであり、人間は注目に値する演劇を見るようにその運命を眺めるのではなく、その運命によって、自らと並んで列につく人々とともに呼び出され戦列に加えられるのである。この事情を私たちは決して見逃してはならない。歴史の意味への問いが自分のなかで強く語りかけるようになるには、人間は自分を包む歴史の嵐に捕らえられ、揺さぶられ、場合によっては打ち倒されるほどでなければならないだろう。彼の問いは、歴史が彼に与えた処遇に対する答えであった。歴史の経過のもつ意味について人間が何の疑いも抱かないような形で歴史が経過していくとすれば、歴史の経過の意味への問いを立てる動機は何もないことになるだろう。たとえば、話された言葉の意味への問いは、その意味を私たちが理解することによって最終的に片づけられるのと同じように、歴史の経過の意味への問いは、その意味それ自体によって最終的に解答されるだろう。意味を問い意味を探し求めざるをえないように私たちが感じるのは、理解されるべき何ものかが現れ、その現れによってその意味を問うよう挑発するものの、この意味を不明で曖昧なままにとどめるため、問いを立てる者がさらに探し求めるよう促されているように思う場合だけである。したがって歴史の意味への問いは、その問いが向けられている出来事の問題性と切り離すことはできない。この問いが立てられるところではどこでも、この問いを立てる者をこの問いに突き当たらせる出来事とその内容が現れるのを待たなければならない。

　したがって、歴史的な運命の歩みがその意味への問いを呼び起こすことができるとすれば、いや必然的に呼び起こすにちがいないとすれば、この歩みは、歴史哲学的な悲観主義が説得しようとするように、意味がなかったり、あるいは意味と無関係であったりすることはありえない。人間が出会う物事についてその意味への問いが点火されるのは、その物事自体が意味のない存在、つまり内容や意義をもたない事実ではなく、少なくとも意味を指向し、意味を求めているものとして経験される場合だけである。意味のないものとして現れる存在については、その実際の性質を問うことはできるかもしれないが、その意味について問うことはできない。

　しかし、そのありのままの姿に何の意味もなく、したがって単なる「事実」以上のものではないような存在がそもそもあるのだろうか？　それはある――しかしそれがあるのは、「存在」

という表現を否定するような前提のもとにおいてのみである。人間が出会う物事は、考える主体としての人間によって加工され変形され、意味を欠く「裸の」事実にまで空虚にされて初めて、いかなる意味ももたないものになる。人間が出会う物事を単なる事実にまで格下げするのは、計算する自然科学において方法的完成に達しているあの処理方法である。この科学の成功には、人間が出会う自然、人間に本来的に「呼びかける」自然を数学的関係の構造に置き換えて考えるという前提がある。しかしこのような形式化は、自然から私たちに呼びかける意味を根本的に取り除くことと同じである。すなわち、意味を欠く世界が単に受け止められるべき事実として人間に対峙しているのではない。成功によって輝かしく正当化された仕方で世界を純粋な事実に還元してしまうのは人間自身なのである。

　したがって、もともと人間が出会うがままの世界が、意味のない事実の総体としてではなく意味に満ちた出来事として現れるのだとすれば、次の点を見逃すことはできない。すなわち、人間の出会う物事が意味で満たされていることがもっともよく——見過ごしたり排除したりできないような仕方で——見て取れるのは、その物事が**人間仲間**、その本質、その表現、その行為、そしてその活動によって形作られる場合だということを。人間はその人間仲間に関して、自らが人間仲間と共有しているものを、すなわちそのすべての作為と無作為に魂を与える意味を、どうして見過ごしたり抑圧したりするよう誘惑されることがあろうか！　この人間仲間も、方法的な完成と意味の根絶とが同時に進行するあの科学のありうべき対象ではある。しかし科学においては、対象として出会う物事の核心をなすもの、すなわち作為と無作為のもつ意味が、この処理の犠牲になることはあまりに明らかである！　このことから、自然科学的な世界の見方に慣れてしまい、自らに「呼びかける」自然の声にますます耳を閉ざす人間は、それによって人間仲間の行動の意味をも見ようとしなくなることに気づかない、ということも判明する。

さてしかし、このような人間仲間による意味の証言のすべてを含む全体とは、**歴史**の全体にほかならない。それゆえ歴史は、世界の出来事からひとまとまりの断片を形作り、その断片は世界が意味をもっていることをもっとも直接的に、また排除できない形で示す。歴史は実際、**行為する**存在としての人間の作品である。しかし「行為」と呼ぶに値するのは意志から生まれた行動だけであるが、同じように「意志」と呼びうるのは、行為を促す状況に対する洞察を含む内的な態度だけである。簡単にいえば、歴史が起こるすべてのところで前提とされるべきなのは、そもそもまったく「有意味な」行動なのである。たしかに、歴史的な行為に魂を与える意味は、もっとも賢明で高尚な始源の極からもっとも邪悪で非道な営みの対極にまで広がる目盛りの全体を動くことができる。これは認めなければならない。しかしここで考えられている多様な動機づけがどのようなものであろうと、私たちはこの目盛りのすべての段階で意味のない存在の裸の事実に出会うのではなく、意志に導かれた人間の有意味な努力に出会うのだという基本的な事実は変わらない。したがって、人間と歴史の関係は、実際には、そうあるべきだと私たちが考えたような姿をとっている。すなわち、歴史の意味を問うよう強く促されていると人間が感じるのは、単に自らのなかに意味の充足への要求が生きているからだけでなく、人間に出会う歴史上のパートナーの全体が同じ要求で満たされていることが示されるからなのである。

ところで、無数の意志の衝動から形成される現実に直面すると、当然ながら、私たちが歴史の意味を探し求めるなかで知っているあらゆる懐疑の声が、改めて高くなる。とりわけ、新たな問題の捉え方によって誘い出される二つの問いのグループがある。

最初に持ち出されるのは、次のような問いである。歴史のなかで働いている意志の衝動の全体に対して、それに価値があるのかないのか、賛成できるものか非難されるものかに関係なく、「意味」という概念を適用することがそもそも許されるのか？ **規範**に従った評価の観点からみて肯定されるべき衝動だけを「有意味な」ものと名づけ、反対に、同じ観点からみて否定されるべき衝動を同じように名づけることは避けるのが適当なのではないか？ そして、そのように区別するならば、歴史のなかでは「有意味な」、すなわち規範にかなった衝動が「無意味な」、すなわち規範に反する衝動に敗れることがいかに多いかを、私たちは納得せずにはいられないのではないか？　実際、歴史は賞賛すべきものを非難すべきものに勝たせるよりもずっと多く、非難すべきものを賞賛すべきものに勝たせているのではないか？　そしてその限りで、無意味という汚点はつねに歴史に付着しているのではないか？

　この問題群から直接に第二の問題群が出てくる。歴史は賞賛すべき努力に対して成功を拒むことが実に多いが、ここに歴史的に重要な行為の欠陥が明らかに示されている。より深く見ると、歴史的に行為する者の**すべて**の努力、したがって否定的に評価されるべき努力も、この欠陥を免れてはいない。要するに、歴史を目標とする努力はすべて、最後には不成功という結果に終わるのである。この命題の言わんとするところは、歴史上の努力の結果として出てくるものは、行為者の頭と心のなかに構想や目標設定として抱かれていたものとは決して一致しないということである。歴史上もっとも成果を収めた英雄たちでさえ、仮に長く生き続けて見ることができたとすれば、彼らの活動が彼らの手を離れるやいなや、独自の展開を見せ、そのことによって彼らが考えていた予見を嘲笑するのを見なければならず、さらにその後の歴史の経過のなかで、彼らが創造したと考えたものから最終的に何が生まれたのかを、他の人々とともに見なければならないだろう。これはまさに、その創造者の目前に浮かんでいた未来像に対する根本的な拒絶である。歴史は実に多くの場合、歴史を支配したと思った者を仮借なく否認する。有意味な過程という性格を歴史に認めることは、まったく不可能である。歴史を担う人々が意味を実現しようとあらゆる努力を払っていることを歴史が示すとしても、歴史の実際の経過は、その人々によって目指された意味の実現を拒み、その代わりに、その意味と正反対ではないにしても、遠くかけ離れたものを出現させるのである。この明白な矛盾はひとつの印象を呼び起こさずにはいないだろう。すなわち、行為する者の意志は意味を実現するために燃え立ったのだが、実はその意味は、まるでこの意志を望ましい灼熱にまで燃え上がらせるために必要な、欺瞞に満ちた眩惑以上の何ものでもない、という印象を。歴史はいわばその器官をつねに欺き続けるに等しく、「意味」を擁護する者というよりもむしろ、残酷に嘲笑する者であるように思われる。

以上で私たちは、歴史の無意味さを説く主張がさまざまに形を変えながら繰り返される一連の思考を描写した。本論での新たな理解においてもこの思考に同意しなければならないのだろうか？

まず、こう答えることができる。ひとつの行為は、それを呼び出す意志の動因が規範の観点からみて退けられるべきだという理由のために、「無意味」な行動になるわけではない。行為がそのようなものなら、それはそもそも「行為」ではない、すなわち、理解できる動機から生じた行動ではなく、否定的にも肯定的にも評価できない人間以下の自然の出来事である。そもそも規範に従って評価することが可能であるためには、ひとつの行動は「意味」をもたなければならない。無意味なものは「善悪以前」のものである。

しかし、単に規範に反する意志から生じた行為を有意味なものの領域から追放することは認められないというだけでは終わらない——実際には、規範に反する意志から生じた行為も、同じ規範の観点からみてもっとも賞讃さるべき行為と同じく、この有意味なものの領域に属するのである。なぜなら、人間、すなわち歴史的な影響をともなって行為する人間は、まさに**自由な**存在だからである。しかし、ある存在が自由だということが許されるのは、規範に反する行為の可能性も、規範にかなった行為の可能性も、ともに同じように彼に許されている場合だけである。言い換えれば、規範に反するものから発せられる誘惑に少しも動かされないほどの抵抗力を、その存在がもっていない場合だけである。倫理的にいえば、悪くあることもできない場合には、善くあることもできないだろう。歴史は厳密な中立性を備え、賞賛すべき努力にとっても非難すべき努力にとっても、同じようにその努力を実現する場所となる。まさにこの理由のために、歴史は――救われて自由に至ったのか、あるいは罪として自由を科されたのかはともかく――人間の自由の戦場なのである。歴史が規範にかなったものにのみその実現の場所を提供しようとするならば、歴史は自動的に自由の場所であることをやめ、倫理的に善いものというレッテルを貼られた必然性の出来事に変わるだろう。したがって、いつでもどこでも規範にかなったものを歴史が勝たせる場合にのみ、歴史に意味を認めることができると考える者が承認を得られるか否かは、人間の自由を否定するに等しい条件に左右されることになる。しかし、真に人間的な存在の意味の本質をなすもの、すなわち自由を破棄することによってのみ実現されるような歴史的な「意味」とはどのようなものだろうか！　逆に、自由を否定することは人間存在の究極の意味を否定することだと考える者は、規範に反して最悪の形で自由が暴走したとしても、それをもって歴史に意味を認めない理由とは見なさないだろう。

したがって、歴史は、自ら建設的あるいは破壊的な力の戦場となるとしても、それ自身の意味を賭けに差し出すことはない。逆に、建設的な力にも破壊的な力にも同じように、その力を試す闘技場となることによって、人類の運命全体のなかで自由の実現に力を貸すことこそ、まさに歴史のもっとも深い意味である。この意味は、破壊的な力が最後に勝利する場合でさえ、歴史から失われることはないだろう。歴史的な生を生きる人類のドラマは、悲劇の姿を取ることで茶番劇になるわけではない。自らの自由に身を委ねた存在としての人間は、おそらく自らに関して大切なことを、勝利の凱歌を奏する時よりもむしろ没落の時に、より納得しながら経験するだろう。原子力時代の脅威のもとにある人間は、大げさにも聞こえるこの命題の意味をはっきり思い浮かべるのに、何の苦労もいらないだろう。

しかし、勝利を求めて相争うさまざまな意見、意志、計画の争いのなかでのみ歴史の意味が現実化される、ということが当たっているとすれば、次の見解がいかに誤ったものであるかがわかる。それは、歴史を通して実現されるべき意味を歴史に認めることができるのは、実際の経過のなかで歴史が実現するものが、歴史の担い手の頭や心のなかで企図や構想として抱かれていたものと一致する場合に限られるとする見解である。相争う歴史的諸力の対決は、そこに勝者と並んで敗者もいるのでなければ、対決の名に値しないだろう。すでに見たように、表向きは勝利を収めている者でさえ、自らの行為の結果が自らの手をすり抜けていくのを防ぐことはできず、まして敗者は企図と結果の明らかな矛盾を甘受しなければならない。物事の実際の経過が、互いに交差し相争う生の諸傾向の統御しがたい絡み合いによってのみ規定されるなら、相争う努力のただひとつだけが、意志と達成の一致を見込めるなどということはない。歴史がかつて一度もどこにもこのような一致を生じさせていないという理由で、歴史に意味を認めようとしない者は、意味の充足という概念によって歴史を測るのだが、歴史はただひとつの条件のもとでのみその概念を満足させることができるだろう――その条件とは、歴史を営む存在、すなわち人間に、その存在の意味の中核をなすものを、すなわち決断すべく呼び出されている意志の自由を、放棄するよう歴史が求めるという条件である。なぜなら、意志の本質には次のような性格が――つまり、意志は、異なる方向へと向かう、同じく自由な意志の諸傾向との衝突によってつねに偏向や屈折を被らざるをえないばかりでなく、誤謬や過失への誘惑に負けることもあり、この誘惑にさらされていることが意志の自由の一要素をなす、という性格があるからである。ともあれ自由は、それから発する意味付与のうちただひとつだけを完全に実現するというわけにはいかない。自由はこのような難点を避けられないのである。

このような確認とともに、私たちはひとつの二者択一に向き合う。歴史の意味への問いに適切に答えるのを不可能にするいくつかの副次的な考えからその問いを解き放つためには、その二者択一を避けて通れないことを、私たちは認めなければならなかった。私たちが得た結果に対して明らかに反対の主張をする考えがある。私たちには次のような異議が申し立てられる。私たちが考察を通して救おうとしたものは、歴史という枠のなかで、また歴史という大地の上で、無限のヴァリエーションをもつ**個々の人間および人間共同体**の意志と達成として実現されるような意味なのではないか、しかし問題なのは、歴史の**なかで**つねに形を変えながら実現される意味ではなく、歴史「そのもの」の意味、すなわち個々の努力のすべてを自らの部分的な表れとして含む過程**全体**の意味ではないのか。そして、歴史がひとつの進行の全体として特徴づけられ、その諸相が単に外面的に並列されるのではなく、内的関連という紐帯で結びつけられる場合にのみ、歴史にひとつの意味を認めることができるのではないか。

このような歴史の諸相の有意味なまとまりをどのようにただひとつだけイメージできたのか。これについては私たちの問題の歴史を一瞥すればわかる。歴史は、全体に対して設定された**最終目標**との関係によってその立場を規定され、その使命を割り振られた、さまざまな形態や出来事が段階的に継続することと考えられた。歴史を解釈する者は、たとえその具体的な論議においては、信仰心の確信や、哲学的な思弁の組み立てや、純粋な経験的事実の研究結果によってそれぞれ導かれるとしても、この考えでは一致している。この図式は、意味の充足の仕方は多様だということを容認する。

この図式が私たちにとって興味深いのはまず、これまでに確かめられたこと、すなわち唯一の絶対的な意味が何も差し引かれることなく貫徹される場合には、自由は破滅するということが、この図式から読みとれるからである。なぜなら、行為と苦悩を通して歴史の全体の意味といわれるものを実現する使命を負わされている人間の無数の世代はみな、自己自身の努力から生まれた計画を実行しているわけではないからである。命も短く、遠くを見ることもできない地上の被造物である人間が、人類の生成変化の明らかでない始源からすべての人類の努力に対してあらかじめ定められた最終目標にまで至るひとつの計画を、どうして立てることができようか！　したがって、本当に人類の歴史の経過のなかで全体を包括しまとめるような全体の意味が実現されるとしても、この意味を実現する使命を負わされている存在は、その意味の内容の規定にごくわずかでも関わることはできない。その存在が実現しなければならないのは、彼らの関与がなくてもそうあるように、そしてそれ以外ではないように規定されているものだけである。彼らは、彼らが行為するように行為する**ほかはない**のである。彼らは自らの意志を優越的な力――どのようにそれが呼ばれるものであろうと――の命令と交換しているのである。

けれども、実現されるべき意味の内容を規定することへの関与が拒まれているとすれば、その存在は、意味の内容をなすものを**知る**可能性からも閉め出されているのではないか。人間にはこの知識を捉えることができると見なされる場合――そしてこの知識を所有していると考えた、あるいは考える者の数が小さくない場合には、私たちは再び、全体を鳥瞰する神のような観察者の高さにまで高まることができると考える人間に出会う。この人間は、意味を創造する者ではないにしても、その意味の秘奥を知る者のひとりである。

もっとも、この確信は、そのように自己を高いところに置くことが人間に許されているのか、という疑いを呼び起こすだけではない。この確信に対しては異論も向けられる。押し合いへし合いしながら進む現実の歴史から逃れ、すべてを一望のもとに見る展望台に退いてしまうことによって、同時に人間は、「歴史の意味」が自らにとって空虚なものになるべきでないなら必ず取らなければならない立場を捨ててしまうのだ、という異論である。高くに上ることで、歴史の意味を問う者に不可欠の展望の広さを獲得するのだと確信しながら、実際には人間はそれによって、意味への問いがただその印象や経験や要求のみから生じ、かつそこで答えを見出しうるような状況から外へ出てしまっているのである。私たちが知っているように、歴史の意味への問いは、観察者の問いであるにとどまらず、行為者の問いでもある。より厳密にいえば、この問いは、観察者の問いであり、**また**行為者の問いでもあるわけではない。それは行為者の問い**のなかでの**観察者の問いであり、行為者の問い**なしにはありえない**観察者の問いなのである。人間が歴史の意味を問わずにいられないと感じるのは、理論的な知識欲からではなく、何よりも自分がその構成員として歴史に属しているからである。しかしまた逆に、人間は構成員として歴史に属していることによって、歴史の意味への問いに答える立場を与えられている。

なぜなら、すでに示したとおり、この問いは、人間の眼前で、人間の関与なしに過ぎゆく出来事への問いではないからである。この問いは、人間が行為者としてその出来事に共働すべき任にあることを知っているがゆえに、またそうである限りにおいて、特に心にかかる出来事への問いなのである。しかし、行為者としてこの出来事の意味の充足に影響を及ぼすことは、人間にとって、すなわち個々人にとって、自己実現の場所として指定されている特定の場所でのみ可能である――と同時に、この特定の場所でのみそれに成長できるような、まさに特定された特殊な存在としてのみ可能である。想像上のどこでもありどこでもないところではなく今ここで、つねに至る所に存在する超自我ではなくこの特殊な者としての私によって、決断が下され行為が行われなければならないのである。そして、この決断や行為は、私によって選ばれた意味を、私に与えられた力の程度に応じて、私の行為を促すような状況の範囲内で、実現に近づけるのである。

けれども、自分自身を動かす意味が自らの行為の助力を得て実現に近づくために人間が立たなければならない特定の立場は、意味を求める人間の努力を解明する**洞察**を分け持つために人間が取らなければならない立場でもある。同じひとつの**観点**から、状況とその可能性が解明され、取り得るあれこれの行為への決断が下されるのである。両者は切り離しがたいまとまりをなしている。実際、展望を欠いた行為への意志は盲目であり、行為への意志を欠いた展望は不真面目で何の効果ももたないだろう。

したがって、世界を単に理論的に解釈しようと努めている者の立場から歴史の意味への問いが立てられるとすれば、すでにそれは誤りである。この問いが正しく立てられるのは、この問いを立てる者が自覚をもつ場合だけである。すなわち、この問いに対する答えによって、この特殊な者である自分自身に、行為を通して実証することによってのみ充足される、言い換えればこの特殊な場所においてのみ充足される、自己の生の使命が与えられるのだ、と。意味はつねに新たに、つねに新たな形で、自らの存在に特定の意味の充足を与えようと決心したすべての人の行為において、実現されるのである。

ところで、私たちが以上で述べてきたことを承認する場合には、歴史的な立場を超えると称するあの高所に立つことには、少しの意義も残っていないのだろうか？　人間は歴史が指定した特殊な立場に、まったく無条件に封じ込められているのだろうか？　私たちが行ってきた考察は、その全体の流れを通して、その反対のことを証明している。というのも、それぞれ特殊な個々人が、歴史の特殊な担い手として置かれている場所を離れることが本当にないのだとすれば、個々人は自らがその立場へと規定されていることを**知る**可能性から閉め出されていることになるだろう。個々人は、自分が囚われていることを自覚しないまま、この規定のなかに囚われていることになるだろう。けれども、人間である私たちにこの規定性に関する知識が閉ざされているとしたら、人間の立場の規定性について、先に述べたような仕方で報告することが、どうして可能であっただろう！　そうではなく、その規定性の本質と理由について私たちが正確に説明できたということは、私たちが乗り越えることのできない囲いのなかにいるようにその規定性のなかにじっと座っているのではなく、その規定性を越えてそれを見おろすことができるということ、さらに深く見れば、そうせざるをえないと感じることを前提としている。歴史の主体としての人間は単なる特殊な者ではない。人間は自らの特殊性を知り、その限りでそれを超越する特殊な者なのである。

しかし、このような特徴を示すことで、私たちはこれまでに展開してきたすべてのことを撤回したのではないだろうか？　私たちは結局、全体を鳥瞰する神の全能の視点を振りかざしたのではないだろうか？　私たちはそんなことをしたのでは**ない**。たしかに私たちは、意味の充足に寄与する個々人を、その行為の可能性と条件を彼に割り当てる特殊な場所に拘束するような必然性の存在を確信した。しかし私たちはそれによって**一般的なもの**を確認しただけであり、それは、一般的なもののなかで求められる特殊化のうちのひとつを、それ自身によって規定し、あるいはそれ自身から導き出そうとすることとは違うのである。この一般的なものから特殊な者を導き出すことは決してできない。私たちは、特殊な者としてあの一般的なものにまで高まり、私たちを要求する状況と並んで**私たち自身**を経験し、実現に移すのである。自らのなかに入ってきた者にその歴史的な存在について教えることすらできない一般的なものが、どうして歴史の意味の特殊化の**全体**を自らのうちに含むことができようか！　歴史的なものはみな特殊な姿を取ら**なければならない**――これを私たちは確信するにいたった。それが実際に**どのように**特殊化するかは歴史の時間の決定に委ねられている。

このように、私たちがそこへと高まる一般的なものにおいては、知と無知が奇妙に絡み合っている。一般的なものに入る時、意味の歴史的な実現の原理がどのような状態にあるのかを私たちは知る――意味の実現に関わる者として負わねばならない責任の本質と重さを私たちは知る。しかし、私たちが今立っているところで断えず押しよせてくる意味の転倒を、肯定されるべき意味が押しとどめるために、私たちはどのように振る舞わなければならないのかを、私たちは知らない。決断すべく呼びかけられている者としての私たち自身に帰るよう、仮借ない厳しさで指示されていることに、私たちは気づくのである。

しかし、注意すべきことだが、あの一般的な知が越え出ることのない境界を提示したとはいえ、それを不承不承に甘んじた断念の表れと見なすべきではない！　私たちの知が上に述べたような仕方で限定されていることは、嘆くべき欠陥ではない――それは、私たちが人間存在の決算書を支出と収入の両面から思い込みなしに見渡そうとするならば、利点として認識し承認しなければならないものである。なぜなら、あの一般的な知がさらに前に進み、私たちに要求される意味の実現への努力の**仕方**を私たちに明らかにするようなことがあれば、その時私たちは、もはや私たちに割り当てられた歴史の断片を自由に創造する者ではなく、知ることはできるが内容の面で関与することは許されていない使命を従順に実行する者となるだろうからである。私たちは、私たちの知る一般的なものから厳格な行為の規則として導き出されるものをただ執行しさえすればよいことになるだろう。

歴史の意味！　それは哲学的、神学的な解説者たちが私たちに信じさせようとしているのとはまったく異なって見える。その意味は、あらかじめ定められた書物のように、無数の歴史上の人間によって書きとめられるのではない。その意味は、歴史的世界のそれぞれの点で、まさに今ここに歩み出た者の手によって、またその構想に従って、特殊な姿をとって生み出される。そしてその意味は、二つの面をもつ私たち人類がそこで死に、また生きる、知恵と愚鈍、高貴と卑賤のあらゆるヴァリエーションに及んでいるのである。

付記　ここにまとめられた考えは、拙著『歴史意識の再覚醒』（Die Wiedererweckung des geschichtlichen Bewusstseins, Heidelberg 1956）でより詳しく展開されている。そこには参考文献も示してある。

訳注1　本論は、Theodor Litt: Die Selbstbesonderung des Sinns der Geschichte. In: Leonhard Reinisch (hrsg.): Der Sinn der Geschichte. Sieben Essays. 2. Aufl., München (C. H. Beck) 1961, S.66-82 を訳出したものである。リットは、一九六一年一月から二月にかけてバイエルン放送が企画、放送した、「歴史の意味」を主題とする連続講演において、論者の一人としてこの講演を行った。ほかには、ゴロー・マン、カール・レーヴィット、ルドルフ・ブルトマン、アーノルド・トインビー、カール・ポパー、ハンス・ウルス・フォン・バルタザールの六名が講演を行っている。訳出にあたり、田中元氏による既訳（テオドール・リット「歴史の意味の自己特殊化」、レオンハルト・ライニッシュ編『歴史とは何か――歴史の意味』理想社、一九六七年、八六〜一〇八頁）を参考にさせていただいた。なお、標題をより内容に即して、「歴史の意味と特殊な者としての自己」に改めた。

あとがきに代えて――オバマ「所感」とリットの歴史意識をめぐって

正しい考えをもっている人間が一人残らず黙っていたならば、人類改善への進展は永遠にみることができないと思う。人間には公に意見を述べなければならないときがある。（シラー）

二〇一六年五月二七日、第四四代米国大統領バラク・オバマ氏が現職大統領として初めて被爆地広島を訪問した。被爆地広島にとってはまさに歴史的な一日であった。

一七時二〇分すぎ、平和公園に足を踏み入れたオバマ氏は、出迎えた関係者との挨拶も早々に、早速平和記念資料館（原爆資料館）に入館。一五分にわたり複数の特別展示品を見た後、重い足取りで原爆慰霊碑へ向い原爆慰霊碑前に献花、深い瞑目の後、招待した被爆者、関係者を前に演説した。その「所感」は、予定をはるかに上回る一七分にも及んだ。

その後、オバマ氏は二人の被爆者と対面した。その一人、原爆の犠牲となった米兵捕虜の最期を独力で調べあげた被爆者の歴史研究者、森重昭氏を抱き寄せた。この光景は世界中に配信され多くの感動を呼ぶことになった。その後原爆ドームを遠望、感慨深く見つめて大統領は車窓の人となり米海兵隊岩国基地に帰還した。この間おおよそ二時間。この間のオバマ氏の言動は一つひとつがまさに人間オバマの美的表現、表出であり、同時に「所感」は、古代ローマ随一の雄弁家であり執政官でもあった知性人キケロ（M.T.Cicero, 前106-43）の姿を彷彿とさせるに十分な見事なレトリックを駆使しながら大統領が永年にわたって培ってきたフーマーニタース（ヒューマニティー）をも体現していた。「哲学的教養のない弁論家はありえない」とするのがキケロの基本的立場であるが、同時に弁論技術以上に「徳性」をも要求したからである。その一例は氏が自ら推敲した「所感」冒頭の一節にみられる。「七一年前、雲一つない明るい朝、死が空から降り、世界が変わった」。これは決して詩的な美辞麗句と呼べるものではない。古代ローマで完璧といわれる弁論家は広場（アゴラ）で演説の冒頭に民衆の日常生活を語りかけるのが常套手段であったからだ。だが昭和二〇年八月六日、午前八時一五分、広島の日常は一発の原子爆弾の炸裂によって激変した。明るい空から死が降りてきたのだから――。

オバマ大統領の被爆地広島の訪問後二週間の時が流れた。しかし今なお、その感動は広島県民・市民に大きな波紋として広がっている。その波紋は、高校生を中心に若い世代に核廃絶への勇気ある行動を喚起しているといってもよい。なかでも、原爆資料館での記帳の文言にそっと供えられた大統領手作りの二羽の折り鶴。そして案内役を務めた小・中学生たちに渡された二羽の折り鶴。その心づくし、小さな弱い者に対する配慮。それをパフォーマンスという言葉で表現することはあまりにも礼を逸したことになりはしないか。

たしかに、岩国基地からオスプレイに先導されながら二機の海兵隊ヘリコプターで広島入りしたこと、平和公園の慰霊碑の近くに核兵器のボタンをセットした要員を同行させていたこと、そして「核なき世界」の実現に向けて日米両国関係の強化を過度に強調したこと。そこには米国大統領としてのヤヌスの顔があった。その意味では、上に記したようなオバマ理解は、「完璧な弁論家」の像を求めるあまり過度なレトリック解釈にこだわり、強引にオバマ像を創りすぎているかもしれない。被爆者の立場、メディア関係者の立場、政治家の立場等々、それぞれがそれぞれのおかれた立場で主体的に対象の事実を捉え、それに意味付与し、実践をすることが重要ではなかろうか。

その際大切なことは、自己の信念や立場にとらわれて〈共感〉〈共生〉の道を遮断してしまわないことだ。無論、この共感・共生の基底には、核兵器の使用による広島・長崎の悲惨さは「非人道性の尺度」(ペーター・マウラー (Peter Maurer) 赤十字国際委員会総裁〈朝日新聞二〇一五年二月二〇日、インタビュー〉)であり、同時に、核エネルギー問題は、その「非人道性」の「新たな規準」であることが共有されなければならないのである。したがって、ここでの考察も一つの人文主義的な「完璧な弁論家」の原像から共感・共生への道を探究する小さな一歩とご理解頂ければ幸いである。

このようにさまざまな立場からの評価が可能であるが、人類史の立場からみれば、今回の広島「所感」は、核兵器時代の人類の危機に対する「歴史的責任」を喝破して、困難ではあるがそれを克服する道を示したものとして永く私たちに記憶されよう。とくに若者への『記憶』の伝承に大きな期待を寄せると同時にその行動を喚起した点は教育に関わるものとして特記したい点である。

ここでは、本編訳書『歴史と責任—科学者は歴史にどう責任をとるか』を通じて被爆地広島の教育に関わる者として、このオバマ氏の広島訪問を「歴史の相」において、別言すれば「歴史と責任」の次元において考えることが急務のように思える。

旧広島原爆資料館の出口近くに大きなコンクリートの壁が展示されていた。その巨大な壁には爆風によって飛び散った無数の尖ったガラスの破片が突き刺さっていて、見るだけでも痛々しいものであった。わたしがこの原爆資料館を案内したドイツのいち歴史学者は、その突き刺さったガラスの破片を「これは人類史につき刺さった悲劇的な〈刺〉だ！」と叫んだ。歴史に突き刺さった〈刺〉は抜くことができないのだ！　とも。

私たちはこの人類史上に生起した最初の被爆によってもたらされた惨禍の〈刺〉にどう立ち向かうのか？　あるいは立ち向かわなければならないのか？

すでに「編訳者まえがき」にも記したように、私たちは否応なく時間の経過、すなわち歴史のなかに生を受け、そのなかで生起する出来事に何らかの仕方で応答し、責任を担うことを宿命づけられた存在なのである。そのような存在としてこの人類史上にもたらされた広島の被爆という凄惨な〈刺〉に私たちはどのように応答し、責任を担うかということだ。その具体をオバマ氏は「所感」のなかで語ったのであり、歴史哲学者としてテオドール・リットが歴史に言及する時はつねに「出来事」に対して発する問いでもあった。たしかに、政治家オバマ氏と歴史哲学者リットを結びつけるのは牽強付会《けんきょうふかい》の誹りを免れないであろう。時代背景も思想の土壌も異なるのだから。しかしこれらの差異をこえて両者には欧米の知識人に共通する歴史意識が通底しているように思われる。それは歴史に対する応答と責任をわれわれに問いかけ、自覚させるのである。

ここでテオドール・リット自身の歴史観形成の過程について若干述べておきたい。

本編訳書のタイトルからも解るように、リットの学問研究の中心テーマの一つは歴史学および歴史哲学であった。近代の歴史学の開祖といわれるJ・G・ヘルダー（1744-1803）、ドイツ観念論や歴史哲学の完成者とされるG・W・F・ヘーゲル（1770 -1831）［リットはレクラム版ヘーゲル著『歴史哲学』(Philosophie der Geschichte) で長文の導入 (Einführung)、「ヘーゲルの歴史哲学」を執筆している］、近代精神史研究の第一人者と称されるW・ディルタイ（1833-1911）、現代の歴史哲学を基礎づけたH・リッケルト（1863-1936）、さらには名著『歴史主義とその諸問題』で地上と天上の文化を総合する歴史学を説いたE・トレルチ（1865-1923）など、リットはこれらの歴史家を広く、豊かに研究した。それらの研究を通じてリットは自己の個性と経験から独自の豊かで深い歴史的感覚と歴史意識を形成し、それらがリットの著作、論文に貫かれている。結論として、無秩序と化し、自己否定へと駆り立てられるわたしたちの現存在は、ヘーゲルが言った「思考的道徳性」という力の援助なしには克服出来ないとリットは喝破している。管見ではあるが、これらリットの歴史的感覚や歴史的意識の形成にはボンおよびベルリン大学での古典語および歴史学の習得が大きな影響を及ぼしたと考えられる。その証左として、一九〇四年、ボン大学で受理されたラテン語による博士論文、『De Verii Flacci et Cornelii Labeonis fastorum libris, ウェリウス・フラックスとコルネリウス・ラベオの暦に関する本について』（全三四頁）が挙げられよう。具体的には、古ローマの年中行事・公時祭暦等を記した暦法に関する研究である。まさしくリットの歴史観の源流である。本博士論文は今日復刻され手にすることができる。

リットの学問研究のもう一つの中心テーマも、これら歴史学および歴史哲学に基礎づけられ、方向づけられた教育学、すなわち「人間陶冶（人間形成）」の学である。今回の編訳書『歴史と責任―科学者は歴史にどう責任をとるか』もまさに研ぎすまされたこれら歴史的感覚と歴史的意識とに貫かれ導かれている二つの学問から展開されている。

さて、論者テオドール・リットは一八八〇年一二月二七日デュッセルドルフに生まれ、一九六二年七月一六日、ボンで生涯を閉じた二〇世紀を代表する文化＝社会哲学及び教育（科）学の碩学である。ボン大学員外教授から一九二〇年エドゥアルト・シュプランガーの後任としてライプチヒ大学哲学及び教育学正教授に就任、一九三一年から三二年にかけて同大学の学長を務めるが、一九三〇年一〇月学長就任講演「大学と政治」をおこない、当時ナチズムの台頭と共に顕著となった大学と学問に対する政治化策とその制度的な政策に対して方向転換をせまる講演内容から、特に、ナチス学生同盟と軋轢を生むことになる。その後も「第三帝国」による講演や講義の妨害をうけ、一九三七年、節を曲げることなく自主的に退職、著作活動に専念する（戦後刊行される多くの著作はこの時期に執筆された）。第二次大戦後の一九四五年、ライプチヒ大学から請われて復職し、荒廃した大学の再建に尽力し、大学の『復興計画案』まで作成したが、研究と学問の自由を基本とするリットの姿勢は占領軍のソヴィエト的全体主義の施策とは全く相容れず、ここでも多くの軋轢を生むことになる。結局、一九四七年、旧西ドイツのボン大学からの招請を受け、故郷に帰還することになる。

このように二度にわたる全体主義的体制との軋轢や抗争を経験するリットであるが、一九二〇年・三〇年代のライプチヒ大学はベルリン大学と並ぶドイツを代表する大学で、世界から多くの研究者を集め、リットも哲学・教育学の顔として名声を博していた。この時代にはその後日本の代表的な教育学者、心理学者になる面々が留学している。広島文理科大学教授で学長を務め、『原爆の子』を編纂、刊行した長田新、東京帝国大学の入澤宗壽、心理学者の城戸幡太郎等々。若いリットから文化＝社会哲学的問題、教育学の方法論を学んでいる。また戦後の一九五三年には、稲富栄次郎（元広島文理科大学教授、上智大学教授、初代教育哲学会会長）もボン大学でリットの講演、「独逸の大学とギムナジウム」（六月三日）を聴講し、また講義、「自然科学的認識について」にも出席し、その後直接教授と会見して、その印象を残している（稲富栄次郎「ドイツ大学の現状・リット教授との会見」参照）。

また、二〇一二年の一五回テオドール・リット国際シンポジウムのテーマ、「原子力時代。自然科学と技術の極大値。最高値の責任」の設定の中で明らかになったことは、ライプチヒ時代、リットと同僚の物理学者ヴェルナー・ハイゼンベルク（量子力学の研究で一九三二年ノーベル物理学賞受賞）とが精力的に、かつ多様な問題について対話していた事実である（わが国で一九六二年ノーベル物理学賞を受賞した朝永振一郎が、一九三七年から八年にかけてハイゼンベルクのもとで核物理学、量子場論研究をおこなっている。ただハイゼンベルクの自伝の書である『部分と全体・私の生涯の偉大な出会いと対話』（湯川秀樹序・山崎和夫訳、みすず書房）では、ライプチヒ時代についての言及は何故か少ない）。このように一九二〇年・三〇年代のライプチヒ大学はベルリン大学と共に世界における研究・教育のメッカであったが、「人文学」研究分野の中心に若いリットが活躍していたのである。多数のノーベル賞受賞者を数えるライプチヒ大学は今日、人文学の分野ではリット研究所を中心に、ヨーロッパ連合（EU）における「精神科学研究」のセンターを目指してネットワークを形成中である。特に、東欧諸国、ポーランド、チェコ等との関係強化が図られている。そこには創立六百余年の伝統（創立は一四〇九年）とリットや解釈学の巨匠、H・G・ガダマー、ハイゼンベルク（ハイゼンベルクはカント研究者でもあった）ら激動の時代を透徹した思想、理論によって探求した知的証言を学問的にかつ人間的に評価する作業が進行中である。その一例として、ライプチヒ大学は二〇〇一年から「テオドール・リット賞（Theodor-Litt-Preis）」を創設し、毎年一名、研究・教育の両面で最も顕著な教員を顕彰しているのである。また、ライプチヒ大学古文書館には特に、リット・コーナーを設けリットの講義草稿を含む諸資料を完備している。

一九四七年、ボン大学への帰還後のリットは、ドイツ連邦における哲学、教育学の重鎮として公的機関とも関わり、また科学、芸術、文化、教育等の各専門分野からの依頼による学会、研究会等で基調講演を数多く行っている。それらの功績によって、一九五四年には「学術功労賞」を受賞、また一九五五年、七五歳の誕生日には大統領からドイツ復興に功績のあった者に与えられる「星十字大功労賞」を授与された。その他オーストリアなど諸外国からも多数の栄誉を受けている。

今日リットに対する思想家としての評価は、保守主義的な思想家ではあるが、ナチスに節を曲げなかった潔さは、戦後のドイツでは「学者として範をなすもの」とされているし、人間理性を武器にしたその鋭い歴史＝批判的精神は「時代を見抜くもの」として高く評価されている（旧東ドイツの崩壊を早い段階で予告していたと言われている）。

以下、リットの主要著作を抜粋して紹介する（著作「目録」からは、単行本五三冊、論文・論説・講演二〇八点が挙げられる）。ただこのような著作中心のリットの紹介は極めて表面的、形式的で、「人間リット」がなかなか見えない憾みがある。リットは健啖家で、科学者との〈討論〉（『科学の公的責任―科学者と私たちに問われていること―』、東信堂、二〇一五年所収）にみられるように気質の激しい、かなりの皮肉屋で、かつカルカチュア（風刺画）の名手でもあった。最近ようやくその一端が紹介されるようになった。また、ライプチヒの市長でナチスに対する保守的抵抗組織の中心人物カール・ゲルデラー（一八八四―一九四五、刑死）との親交や接触に関する資料も発掘されている。

主要著作

“Individuum und Gemeinschaft” 1926『個人と社会』
“Ethik der Neuzeit” 1926（関雅美訳『近代倫理学史』、未来社、一九五六年）
“Möglichkeit und Grenzen der Pädagogik” 1926『教育学の可能性と限界』
“Die Philosophie der Gegenwart und ihr Einfluss auf das Bildungsideal” 1927『現代の哲学およびその教育理念に及ぼす影響』
“Führen oder Wachsenlassen” 1927『指導か放任か』(石原鉄雄訳『教育の根本問題』、明治図書、一九七一年)
“Wissenschaft,Bildung,Weltanschauung” 1928『科学、教養、世界観』(石原鉄雄『科学・教養・世界観』、関書院、一九五四年)
“Geschichte und Leben” 1930『歴史と生』
“Kant und Herder” 1930『カントとヘルダー』
“Einführung in die Philosophie” 1933『哲学入門』
“Die Selbsterkenntnis des Menschen” 1938『人間の自己認識』
“Der deutsche Geist und das Christentum” 1939『ドイツ精神とキリスト教』
“Protestantische Geschichtsbewusstsein” 1939『プロテスタントの歴史意識』
“Das Allgemeine im Aufbau der geisteswissenschaftlichen Erkenntnis” 1941『精神科学的認識の構成における普遍的なもの』
“Die Befreiung des geschichtlichen Bewusstseins durch J.G.Herder” 1942『J・G・ヘルダーによる歴史意識の

解放』
“Staatsgewalt und Sittlichkeit” 1948『国家権力と人倫性』
“Wege und Irrwege geschichtlichen Denkens” 1948『歴史的思考の正路と邪道』
“Mensch und Welt” 1948『人間と世界』
“Denken und Sein” 1948『思惟と存在』
“Hegel,Versuch einer kritischen Erneuerung” 1952『ヘーゲル—批判的復興の試み』
“Naturwissenschaft und Menschenbildung” 1952『自然科学と人間形成』
“Der lebendige Pestalozzi” 1952（杉谷・柴谷共訳『生けるペスタロッチー』、理想社、一九六〇年）
“Das Bildungsideal der deuschen Klassik und die moderne Arbeitswelt” 1955（荒井・前田訳『現代社会と教育の理念』、福村出版、一九八八年［翻訳書は改訂第六版（1959）による］。
“Die Wiedererweckung des geschichtlichen Bewusstseins” 1956『歴史意識の再覚醒』
“Technisches Denken und menschliche Bildung” 1957『技術的思考と人間陶冶』（小笠原道雄訳、玉川大学出版部、一九九六年）
“Wissenschaft und Menschenbildung im Lichte des West-Ost-Gegensatzes” 1958『東西対立に照らした科学と人間陶冶』［論稿「科学の公的責任」は第二版 S.228-262］
“Berufsbildung-Fachbildung-Menschenbildung” 1958『職業陶冶・専門陶冶・人間陶冶』
“Kunst und Technik als Mächte des modernen Leben” 1959『現代生活の諸力としての芸術と技術』
“Freiheit und Lebensordnung. Zur Philosophie und Pädagogik der Demokratie” 1962『自由と生の秩序。民主主義の哲学と教育学について』

末尾ではあるが、東信堂の下田勝司社長に感謝の誠を捧げたい。学術書の出版がきわめて厳しいなか、米国大統領バラク・オバマ氏の広島訪問の意義と核エネルギー問題の原点、広島、長崎の被爆七一年での本編著刊行の意味を認められ、その刊行を快諾されたのである。ここに記して深甚の敬意を表したい。

第四四代米国大統領バラク・オバマ氏の広島訪問と広島、長崎被爆七一年を覚えながら

編訳者　小笠原道雄

本「あとがきに代えて」の古代ローマの弁論家の記述にあたっては、恩師故横尾壮英先生の『クインティリアーヌス』(西洋教育史・三)牧書店(昭和三二年)を参照させていただいた。改めてその学恩に心からの感謝と敬意を表するものである。

原著者紹介

テオドール・リット（Theodor Litt 1880-1962）。ドイツの哲学者、教育学者。ライプチヒ大学教授、学長（1931-32）を歴任するもナチズムに抵抗し辞職。戦後の1945年請われて復職するが占領下の旧ソヴィエト体制と軋轢を生む。1947年、旧西ドイツ・ボン大学からの招請をうけ教授に復帰。主な著書に『歴史と生』『個人と社会』『ヘーゲル』『指導か放任か―教育の根本問題―』『自然科学と人間陶冶』『歴史意識の再覚醒』『職業陶冶・専門陶冶・人間陶冶』『東西対立に照らした科学と人間陶冶』等。1954年、連邦政府学術功労賞叙勲、1955年、大統領星十字大功労賞授与。

編訳者紹介

小笠原道雄（おがさわら みちお 1936- ）。広島大学名誉教授、ブラウンシュバイク工科大学名誉哲学博士（Dr. Phil. h. c.）。北海道教育大学、上智大学、広島大学、ボン大学（客員）、放送大学を経て現広島文化学園大学大学院教授。主な著書論文に『現代ドイツ教育学説史研究序説』『フレーベルとその時代』『精神科学的教育学の研究』'Die Rezeption der deutschen Pädagogik und deren Entwicklung in Japan' 'Die Rezeption der Pädagogik von Th. Litt in Japan' 等。

野平慎二（のびら しんじ 1964- ）。愛知教育大学教育学部教授。広島大学大学院教育学研究科博士課程修了。博士（教育学）。この間、DAAD奨学生としてリューネブルク大学留学。主著に『ハーバーマスと教育』。翻訳書として、K. モレンハウアー『子どもは美をどう経験するか』（共訳）、『ディルタイ全集』第6巻、倫理学・教育学論集（共訳）等。

歴史と責任―科学者は歴史にどう責任をとるか

2016年8月6日　　初　版第1刷発行　　〔検印省略〕

編訳者©小笠原道雄・野平慎二／発行者 下田勝司　　印刷・製本／中央精版印刷

東京都文京区向丘1-20-6　郵便振替 00110-6-37828

〒113-0023　TEL (03) 3818-5521　FAX (03) 3818-5514　発行所 株式会社 東信堂

Published by TOSHINDO PUBLISHING CO., LTD.

1-20-6, Mukougaoka, Bunkyo-ku, Tokyo, 113-0023, Japan

E-mail : tk203444@fsinet.or.jp http://www.toshindo-pub.com

ISBN978-4-7989-1376-6 C1030